第十二章　火攻篇

孙子曰：凡火攻有五：一曰火人，二曰火积，三曰火辎，四曰火库，五曰火队。

注释　凡火攻有五：汉简本「火攻」作「攻火」。火攻：以火来进攻敌人。有五：包括五种。火人：即焚烧敌人的营房兵马。李筌曰：「焚其营，杀其士卒也。」杜牧曰：「焚其营栅，因烧兵士。」火：焚烧，焚毁。《左传·宣公十六年》：「夏，成周宣榭火，人火之也。」韩愈《原道》：「人其人，火其书，庐其居。」顾炎武《中宪大夫山西按察司副使寇公墓志铭》：「有校尉往浙江者，舟至胥门外，索供应，众共击之，火其舟。」

火积：汉简本「积」作「渍」。即焚烧敌人的粮草积蓄。李筌曰：「焚积聚也。」梅尧臣曰：「焚其委积，以困刍粮。」积：指贮积起来的钱物等。杜牧注：「积者，积蓄也，粮食薪刍是也。」《左传·僖公三十三年》：「居则具一日之积，行则备一夕之卫。」杜预注：「积，刍米菜薪。」《战国策·楚策一》：「昔令尹子文，缁帛之衣以朝，鹿裘以处；未明而立于朝，日晦而归食；朝不谋夕，无一月之积。」《抱朴子·诘鲍》：「十一而税，以奉公用，家有备凶之储，国有九年之积。」

火辎：即焚烧敌人的辎重器械。李筌曰：「烧其辎重。」辎：原指辎车，这里泛指辎重。《淮南子·兵略训》：「隧路亟，行辎治。」高诱注：「行辎，道路辎重也。」明张煌言《北征得失纪略》：「且多携眷挈辎，日行三十里。」

火库：即焚烧敌人的物资储备。李筌曰：「焚其库室。」

火队：《通典》卷一六〇所引、《御览》卷三二一所引作「火坠」，《长短经·水火》、《艺文类聚》卷八十、《御览》卷八六九所引作「火燧」。十一家注本注曰：「队，一作隧。」《通典》注曰：「一作火道。」火队，即焚烧敌人的运输设施。队，读为 suì，通「隧」。隧道，泛指道路。《墨子·备城门》：「城上二十步一藉车，当队者不用此数。」孙诒让间诂：「当队，谓当攻隧也……队、隧通。」《晏子春秋·杂上二十》：「溺者不问坠，迷者不问路。」王念孙《读书杂志·晏子春秋二》：「案「坠」本作「队」，「队」与「隧」同，《广雅》曰「队，道也」，《大雅·桑柔》传曰：「隧，道也。」「溺者不问队」，谓不问涉水之路，故溺也。「不问队」，「不问路」，其义一而已矣。」

译文　孙子说：火攻的形式包括五种，一是焚烧敌人的营房兵马，二是焚烧敌人的粮草积蓄，三是焚烧敌人的辎重器械，四是焚烧敌人的物资储备，五是焚烧敌人的运输设施。

评点　俗话说：水火无情，利用水火作为进攻的辅助手段，历来被兵家所重视，孙子在此以「火攻」作为单独一篇，对其进行详细地论述，自然是有其良苦用心的。

在本篇中，孙子提出了五种火攻的战法，即「火人」、「火积」、「火辎」、「火库」和「火队」。这里仅以几个战例，对各种火攻方法进行说明。

「火人」——陆逊火烧连营

三国时期，刘备听到关羽被东吴所杀的消息，悲愤交加，不顾诸葛亮等人的苦苦劝谏，亲自率领70多万大军出川伐吴。蜀军出兵后，一路连战皆胜，势如破竹，东吴上下大为恐慌。孙权采用阚泽的建议，拜年轻的将军陆逊为兵马大都督。陆逊受命于危难之际，沉着镇定，面对刘备的强盛攻势，他采用了坚守不出以消耗敌军的战术，下令各处关防牢守隘口，不得出

兵迎战。刘备派老弱兵士在关前辱骂搦战，后面隐藏重兵，想诱敌深入，然后围而歼之。东吴将领被骂得火冒三丈，都请命出战，而陆逊看出其中有诈，即使被看作胆小鬼，也决不出战。刘备无奈，只好将埋伏的大队人马撤走。东吴将领见到武装齐备的蜀军经过，才胆颤心惊，心中暗暗钦佩陆逊的胸有成竹。两军就这样对峙着，转眼间就到了酷暑盛夏，远道而来的蜀军既累又热，刘备久攻不下，只好傍山林下寨，待秋天再出击。蜀军树栅相连，纵横700里下营。如此宿营，首尾兼顾，的确坚固，但有一个致命的弱点，即最怕火攻。一旦火起，无法营救。陆逊见此情景大喜，知道自己大显身手的时候到了。时机已到，陆逊却并没有立即出兵，而是首先进行了一次试兵，以骄敌志。他派末将淳于丹率5000兵马攻击敌营，这是东吴坚守以来的第一次出击，结果自然是大败而归。刘备得胜，愈发轻视陆逊，放松了警惕。第二天夜里，陆逊派主力来到时，蜀营已察觉先兆，刘备却毫不介意，认为经过昨夜的一场厮杀，他们已不敢再来了。陆逊指挥士兵在刘备大营前后放起火来，火借风势，迅速蔓延开来，蜀兵大乱。陆逊的兵马乘机四出夹攻，蜀军大败，死伤无数。刘备逃往白帝城，一病不起，最终死于白帝城。

『火积』——薛仁贵火烧岩州

唐朝初年，唐太宗率军亲征高丽，将军薛仁贵率军进攻岩州。岩州城防坚固，城内粮草充足，虽经唐军围守，可是他们完全没有断粮之虞，一点也不惊慌。薛仁贵为了避免久攻不下相持太久而生变故，就采纳了谋士献上的一条妙计，决定先把他们的粮草设法破坏。他派士兵四处抓来许多麻雀，将它们关在笼中，饿上数日，并且将城外四周的草垛全部烧光。时机成熟之后，在一个起大风的日子，薛仁贵让士兵把麻雀分成两批，一批在爪子上系上装满硫磺、火药等易燃引火之物的纸袋，另一批则在爪子上点燃的香头作为火种，把麻雀全部放飞。饿了数日的麻雀被放飞之后，都急着四处寻找食物。因为城外的草垛等可以找到食物的地方都已经烧光，麻雀在城外寻觅不到食物，就都纷纷飞进城里的粮草垛上寻食。结果，麻雀在刨食的过程中弄破了纸袋，香火引燃了硫磺、火药，接着又把粮草垛引燃，城内很快就燃起了大火，火借风势，岩州城陷入火海之中。唐军乘机攻城，很快就夺取了岩州。

『火辎』——王猛火烧慕容评

建元六年（公元370年）六月，前秦的王猛奉苻坚之命，统领杨安等十将，战士6万人，进攻前燕，前燕慕容评率精兵20万抵御秦军。王猛攻下壶关（在今山西黎城东北大行山口）和晋阳（今太原市南）之后，挥师南下，直趋潞川（今山西东流入河北、河南交界的浊漳河），与慕容评两军对垒。这时候，由于秦军有相当数量的军队留下来占领新夺取的地方，王猛所率部队与慕容评的数十万大军相比，相差悬殊。慕容评认为，王猛孤军深入，粮草不济，想以持久战拖垮秦军。王猛也明白自己的处境，因此想速战速决。于是，他派人探听到慕容评囤积辎重和粮草的地点，派将军郭庆带领5000骑兵从一条秘密的小道越过慕容评的防线，放火将燕军的辎重全部焚烧。据说当时火光冲天，连居住的邺城（今河北临漳县西南邺镇）的军民都能够看见。消息传到邺城，慕容玮派人严责慕容评，促令出战。慕容评内外受迫，不得不放弃原来拟订的持久战略，下令全军出击，结果被王猛打得大败。王猛率军乘胜长驱直进，不久就攻下邺城，灭了前燕。

『火库』——曹操火烧乌巢

东汉末年，曹操与袁绍在官渡相持。随着时间的推移，曹军粮食越来越少，而袁绍的军粮却从邺城源源运来。袁绍专门派大将淳于琼带领一万人马送运军粮，并把离官渡40里的乌巢作为军粮囤积之地。袁绍手下有一个叫许攸的谋士，向袁绍献计，

劝袁绍派出一支兵马去偷袭许都，袁绍很冷淡地拒绝了。这时，正好有人从邺城给袁绍送来一封信，说许攸家里的人犯了法，已经被当地官员抓了起来。袁绍看了信，把许攸狠狠地骂了一通。许攸又气又恨，就连夜逃出袁营，投奔曹操去了。许攸到曹营的时候，曹操在大营里刚脱下靴子，听说许攸来投降他，高兴得光着脚就跑了出来，欢迎许攸。一番寒暄和相互试探之后，许攸说：我知道您的情况很危险，特地来给您出个主意。现在袁绍的粮食、军械，全都囤积在乌巢。淳于琼的防备很松，您只要带一支轻骑前去袭击，把他的粮草烧光，不出三天，袁绍必然不战自败了。曹操听罢大喜，立刻把曹洪等人找来，吩咐他们守好官渡大营，自己带领5000骑兵，连夜向乌巢进发。他们伪装成袁绍的军队，打着袁军的旗号，沿路遇到袁军的查问，就说是袁绍派去增援乌巢的，因此很顺利地就到了乌巢。曹军围住乌巢粮屯，放起大火，把一万车粮草，烧得一乾二净。乌巢的守将淳于琼仓促应战，被曹军杀了。正在官渡的袁军将士听说乌巢起火，都惊慌失措。曹军乘势猛攻，一举击溃袁绍，官渡之战成为中国历史上以少胜多的又一著名战例。

「火队」——朱元璋火烧陈友谅

公元1363年春，陈友谅率60万大军从九江向朱元璋控制的南昌发起围攻。朱元璋率20万水军从南京千里回兵救援。八月底，双方在鄱阳湖上展开决战。当时，陈军的水军要好于朱元璋，不但战舰如云，而且其巨型战舰高数丈，分三层，速度快，外包铁皮，战斗力非常强。朱元璋不但人少，战船也小，但具有机动灵活的优势。8月29日，两军在康山水域（今余干县境内）接触，第一场战斗开始。陈友谅巨舰相连，楼船高十余丈，舰队成阵，展开达数十里，气势逼人，朱元璋的水军因己方战船较为窄小而败退。针对敌我双方的形势，利用陈军「巨舰首尾连接，不利进退」的弱点，朱元璋决定用火攻。第二天，朱元璋大将徐达击败陈军前锋，乘风向敌人发射火炮，陈军死伤甚众，但朱军伤亡也不小，最终还是落入被动。第三天下午，

东北风起，朱元璋乘机命部将指挥船中满载火药和柴草的船只冲入敌阵，乘风放火，陈友谅战舰相连行动不便，陷入火阵。一时鄱阳湖上烟焰张天，朱军转败为攻，全线出击，陈军损失惨重。

行火必有因，烟火必素具。发火有时，起火有日。时者，天之燥也；日者，月在箕、壁、翼、轸也。凡此四宿者，风起之日也。

注释

行火必有因，烟火必素具：汉简本作『□火有因，因必素具』。《孙子校释》据以改为『行火必有因，因必素具』，《〈孙子〉会笺》也认为应从汉简本。『「火」前所残一字，度为「行」字。十一家注本作「烟火必素具」，武经本作「烟火必素具」，盖「因」字先讹作「烟」，继又讹作「烟」。《长短经·水火》、《通典》卷一六〇、《御览》卷三二一引此，皆作「烟火素具」。或者「素」前「必」字先讹作「火」，传抄者遂改「因」为「烟」、「烟」（此二『烟』字中一当为『烟』。——引者）以就之。继又因上句作「行火必有因」，又于下句「烟火」下臆加「必」字。』因：曹操、杜佑、李筌以为是『因奸人』，即用内应；《〈孙子〉会笺》认为『应解为藉以发火之器材或引火之物』。均失于偏狭。因，这里当指人员、物质、天气、敌情等各种条件。陈皞曰：『须得其便，非独奸。』张预曰：『火攻皆因天时燥旱，营房茅竹，积刍聚粮居近草莽，因风而焚之。』皆近之。因：依托，利用，凭借。《吕氏春秋·尽数》：『因智而明之。』高诱注曰：『因，依也。』《孟子·离娄上》：『为高必因丘陵，为下必因川泽。』《后汉书·逸民传·矫慎》：『隐遁山谷，因穴为室。』素：平时，这里指平时做好准备。具：指发火的器具。曹操曰：『烧具也。』李筌曰：『干刍、蒿艾、粮粪之属。』

发火有时，起火有日：发：点燃，燃烧。《宣和遗事》前集：『冬十月，大内火发，自夜至晚，五千余间，后苑广圣宫

及官人所居，几尽被焚。』清纪昀《阅微草堂笔记·滦阳消夏录六》：『徐公景熹官福建盐道时，署中篋笥每火自内发，而扃钥如故。』发火：放火，起火，燃火。《三国志·吴志·周瑜传》：『盖放诸船，同时发火，时风盛猛，悉延烧岸上营落。』顾炎武《日知录·土炕》：『北人以土为床，而空其下以发火，谓之炕。』起火：放火，点火。《晋书·杜预传》：『（杜预）又遣牙门管定、周旨、伍巢等率奇兵八百，泛舟夜渡，以袭乐乡，多张旗帜，起火巴山，出于要害之地，以夺贼心。』《文选·左思〈魏都赋〉》：『巢焚原燎，变为煨烬。』唐张载注：『虎贲中郎将袁术等攻阁，日暮，术等起火烧阁。』燥：天气干燥。曹操曰：『燥者，旱也。』

月在箕、壁、翼、轸也：《长短经·水火》作『宿在箕、壁、参、轸也』，《通典》卷一六〇所引作『宿在戌箕东壁翼轸也』，《御览》卷三二一所引作『宿在戌箕东壁翼轸也』。箕：二十八宿之一。梅尧臣注：『箕，龙尾也。』《诗·小雅·巷伯》：『哆兮侈兮，成是南箕。』毛传：『南箕，箕星也。』郑玄笺：『箕星哆然，踵狭而舌广。』孔颖达疏：『二十八宿有箕星，无南箕。故云南箕即箕星也。箕四星：二为踵，二为舌。』壁：二十八宿之一，玄武七宿的末一宿。有星二颗，即飞马座γ和仙女座α星。翼：二十八宿之一。南方朱鸟七宿中的第六宿，凡二十二星。为惊蛰节子初三刻的中星。按，后世艺人所祀之神亦名『翼宿星』，又名『小儿星』、『老郎星』。神像作白面儿童状，而带微须。《礼记·月令》：『孟秋之月，日在翼。』《史记·天官书》：『翼为羽翮，主远客。』《晋书·天文志上》：『翼，二十二星，天之乐府，主俳倡戏乐。』轸：二十八宿之一，南方朱雀七宿的最末一宿。有星四颗。《史记·天官书》：『轸为车，主风。』司马贞索隐引宋均曰：『轸四星居中，又有二星为左右辖，车之象也。轸与巽同位，为风，车动行疾似之也。』唐王勃《滕王阁序》：『南昌故都，洪都新府，星分翼轸，地接衡庐。』

凡此四宿者，风起之日也：汉简本作『……四者，风之起日也』，《通典》卷一六〇、《御览》卷三二一所引无『也』字。月亮运行经过这四个星宿所在的区域时，是起风的日子。宿：星宿，我国古代指某些星的集合体。如二十八宿中，箕宿由四颗星组成，尾宿由九颗星组成，等等。《汉书·天文志》：『凡以宿星通下之变者，维星散，句星信，则地动。』《文选·何晏〈景福殿赋〉》：『屯坊列署，三十有二，星居宿陈，绮错鳞比。』李善注：『宿，星宿也。』

译文 实施火攻必须要具备各种条件，点火用的器材必须在平时就有所准备。放火要根据天时，起火要选好日子。所谓天时，就是天气要干燥，所谓日子，就是月亮运行至箕、壁、翼、轸四个星宿所在区域的时候。月亮运行经过这四个星宿所在的区域时，正是起风的日子。

评点 火攻这种借助自然条件实施的战法，对天气、气候等条件都有特殊的要求，并且事前要做好充足的准备，才能一举成功。

公元208年秋天，曹操统一了北方，亲率号称八十万人的大军沿江南下，企图一举消灭刘备及孙权，统一天下。孙权与刘备结成联盟，共同抗击曹军，两军在位于长江中游的赤壁相遇，两军隔江对峙。曹军多为北方人，不习水性，因此为了行动方便，战船均用铁链连接。东吴周瑜的军队驻扎在长江南岸，周瑜部下的将领黄盖献计说：『现在敌多我少，很难同他们持久对峙。曹操的军队正好把战船连接起来，首尾相接，可用火攻来打退他们。』周瑜采纳了他的计策，于是调拨十只大小战船，装满干苇和枯柴，在里面灌上油，外面用帷帐包裹，上面树起旗帜，预备好轻快小船，系在战船的尾部。黄盖派人送信给曹操，假称要投降，并约好时间。这时，恰逢刮东南风，风势很急，黄盖把十只战船排在最前头，到江中才挂起船帆，其余船只都依次前进。曹操军中的将领、士兵都走出营房站在那里观看，迎接黄

盖前来投降。在黄盖的船队离曹操军队二里多远时，各船同时点起火来，火势很旺，风势很猛，船只像箭一样冲入曹操的船队，把曹操的战船全部烧着，并蔓延到岸上军营。霎时间，烟火满天，人马烧死的、淹死的很多。周瑜等率领着轻装的精兵跟在他们后面，擂鼓震天，曹操的军队彻底溃散了。刘备、周瑜水陆一齐前进，追击曹操到了南郡。经此一役，曹操侥幸逃脱，率领残余的军队退回北方。曹操失去了统一天下的实力，刘备趁机夺取了益州、荆州，与魏、吴两国形成三足鼎立之势。

实施火攻，除了风向、风力、燥湿等天气情况外，还要有专门的工具和材料。在我国古代，最常用的火攻的材料是火药、硫磺，而火攻的工具，则五花八门，我国历史上曾有过用牛、鸡、麻雀等来实施火攻的战例。在《通典·兵典》、《武经总要》中，曾记载有这样几种火攻的方法和工具。

火禽：『以胡桃割剖分，空中，实艾火，开两孔，复合。先捕敌境中野鸡，系项下，针其尾而纵之，奔入草中，桃败火发。』

雀杏：『磨杏子中空，以艾实之。捕取敌人城中及仓库中雀数十百枚，以杏系雀足上，加火。薄暮，群飞入城垒中栖宿，其积聚庐舍，须臾火发。』

火兵：『以骑枚缚马口，人负束薪、束蕴，怀火，直抵敌营。一时举火，营中大乱，急而乘之；静而不乱，舍而勿攻。』

火兽：『以艾熅置瓢中，开四孔。系瓢于野猪、獐鹿项上，针其尾端，向营而纵放之，奔走入草，瓢败火发。』

火牛、火马：『牛前膊缚枪，其刃向外，以桦皮，细草注尾上，驱其首向敌，发火，其牛震骇前奔，敌众必乱，可以乘之。古有燧象、火马，其法略同，皆可度宜用之。』

火船：『凡火战，用弊船或木筏载以刍薪，从上风顺流发火，以焚敌人楼船、战舰。』

火弩：『以擘张弩射及三百步者，以瓢盛火，冠矢端，以数百张中夜齐射敌营中刍草、积聚。』

火盗：『择人状貌、音服与敌同者，夜窃号，逐便怀火偷入营，火焚其聚积。火发，众乱而出，以兵攻之。』

行烟：『猛烟冲人无拒者。凡攻城邑，向日未拔，则备蓬艾、薪草万束已来，其束轻重使人力可负，以干草为心，湿草外傅，候风势急烈，于上风班布发烟，渐渐逼城，仍具皮笆、傍牌，以御矢石。』

烟球：『球内用火药三斤，外傅黄蒿一重，约重一斤，上如火球法，涂傅之令厚，用时以锥烙透。』

毒药烟球：『球重五斤，用硫黄一十五两，草乌头五两，焰硝一斤十四两，芭豆五两，狼毒五两，桐油二两半，小油二两半，木炭末五两，沥青二两半，砒霜二两，黄蜡一两，竹茹一两一分，麻茹一两一分，捣合为球，贯之以麻绳一条，长一丈二尺，重半斤，为弦子。更以故纸一十二两半，麻皮十两，沥青二两半，黄蜡二两半，黄丹一两一分，炭末半斤，捣合涂傅于外。若其气熏人，则口鼻血出。二物并以炮放之，害攻城者。』

凡火攻，必因五火之变而应之。火发于内，则早应之于外。火发兵静者，待而勿攻，极其火力，可从而从之，不可从而止。火可发于外，无待于内，以时发之。火发上风，无攻下风。昼风久，夜风止。凡军必知有五火之变，以数守之。

注释

凡火攻，必因五火之变而应之：梅尧臣曰：『因火为变以兵应之。』张预曰：『因其火变，以兵应之。五火，即人、积、辎、库、队也。』应：配合，照应。火发于内，则早应之于外：《御览》卷三二一所引『早』作『军』。曹操曰：『以兵应之也。』

李筌曰：『乘火势而应之也。』杜牧曰：『凡火乃使敌人惊乱，因而击之，非谓空以火败敌人也。闻火初作即攻之，若火阑众定而攻之，当无益，故曰早也。』梅尧臣曰：『内若惊乱，外以兵击。』张预曰：『火才发于内，则兵急击于外，表里齐攻，敌易惊乱。』

火发兵静者，待而勿攻：汉简本作『火发其兵静而勿攻』，武经本、樱田本、孙校本、《通典》卷一六〇所引作『火发而其兵静者，待而勿攻』。杜牧曰：『火作不惊，敌素有备，不可遽攻，须待其变者也。』

极其火力，可从而从之，不可从而止：汉简本『火力』作『火央』，句末有『之』字；武经本、平津馆本、《御览》卷三二一所引『而』作『则』。曹操曰：『见可而进，知难而退。』杜佑曰：『见利则进，知难则退。极，尽也，尽火力可则应，不可则止，无使敌知其所为。』梅尧臣曰：『极其火势，待其变则攻，不变则勿攻。』极：达到顶点、最高限度。《吕氏春秋·大乐》：『天地车轮，终则复始，极则复反，莫不咸当。』《史记·李斯列传》：『物极则衰，吾未知所税驾也。』《文心雕龙·通变》：『夫夸张声貌，至汉初已极。』

从：随。

火可发于外，无待于内，以时发之：汉简本『无待于内』作『毋寺于内』，樱田本句末还有『因应变之』四字。杜牧曰：『上文云五火变须发于内，若敌居荒泽草秽或营栅可焚之地，即须及时发火，不必更待内发作然后应之，恐敌人自烧野草，我起火无益。』陈皞曰：『以时发之，所谓天之燥、日（『日』应为『月』。——引者）之宿在四星也。』

火发上风，无攻下风：《通典》卷一六〇所引作『发于上风，勿攻下风』，《御览》卷三二一所引作『火发于上风，勿攻于下风』。曹操注曰：『不便也。』而因何不便，则言之不详，历代注家也有不同的看法。一说若下风攻击自己势必也会受烟火之害。杜牧曰：『若是东，则焚敌之东，我亦随以攻其东；若火发东面攻其西，则与敌人同受也。故无攻下风，则顺风也。若举东可知其它也。』赵本学曰：『下风为烟焰所冲，固不宜攻。』一说下风为敌人的退路，若攻下风敌人为了活命必然死战。梅尧臣曰：『逆火势非便也，敌必死战。』张预曰：『烧之必退，退而逆击之，必死战，则不便也。』除此之外，赵本学还认为，不可击下风，还因『亦恐乱兵避火，溃出相蹂藉也』。以上三个原因固然都是不可从下风发起攻击的原因，但若论最主要的原因，还是为了避免我军『为烟焰所冲』，以防攻击敌人的时候引火烧身。

昼风久，夜风止：杜牧曰：『老子曰：飘风不终朝。』梅尧臣曰：『凡昼风必夜止，夜风必昼止，数当然也。』各家注解多与此同，唯《直解》引张贲说云：『「久」字，古「从」字之误也。谓白昼遇风而发火，则当以兵从之，遇夜风而发火，则止而不从，恐彼有伏，反乘我也。』《〈孙子〉会笺》和《孙子全译》均赞同此说，认为『张说是，应从改。各家解此句皆谓昼风至夜而止，未辨「久」乃「从」字之误，而又错解「止」字，有失「五火之变」之义矣。』『张贲之说甚是，如此，则于此节文字大顺。原为「白天风刮久了，晚上风就停止」，甚觉突兀不顺。』

凡军必知有五火之变，以数守之：武经本、《通典》卷一六〇所引『知』下均无『有』字。杜牧曰：『须算星躔之数，守风起日，乃可发火，不可偶然而为之。』梅尧臣曰：『数星之躔，以候风起之日，然而发火，亦当自防其变。』张预曰：『不可止知以火攻人，亦当防人攻己。推四星之度数，知风起之日，则严备守之。』数：指星象的度数，即上文所说的『时』、『日』的推算。

译文

凡是运用火攻，必须根据五种火攻所引起的变化，采取不同策应的方法。在敌营内部放火，就要及时派兵从外面策应。火已经烧起来而敌军仍然保持镇静的，要等待观察，不可急于发动进攻。等到火势旺盛的时候，根据情况可以进攻就进攻，不能进攻就放弃。火也可从外面放，这种情况下就不必等待内应，只要适时放火就可以了。火应当从上风放起，我军不可从下风发起进攻。

白天刮了很久的风，夜晚风就会停止。（一说白天火攻可以以兵策应，晚上实施火攻则不要用兵策应。）军事行动中都必须熟悉这五种火攻形式的变化，并根据规律把握住火攻的时机。

【评点】实行火攻，在不同情况下应采用不同的策略，随机应变，待机而动。有的需要潜入敌军内部放火，有的则可直接从外部放火，有的则还需要借助其它的条件。如果不知道火攻的规律，或者火攻运用不当，不但起不到攻击敌人的效果，自己还可能反受其害。

东汉末年，巨鹿人张角兄弟创立太平道，发动黄巾起义。东汉朝廷派皇甫嵩、卢植、朱儁等人前往镇压。东汉灵帝中平元年（公元184年），左中郎将皇甫嵩与右中郎将朱儁各统一军，进讨黄巾军于颍川，朱儁与黄巾军首领张角部将波才所部交战而失败，波才遂乘胜挥军包围了退保长社的皇甫嵩。皇甫嵩的部队人马很少，士兵非常害怕。波才军靠近草木丛生的地带安营扎寨。皇甫嵩经过观察，发现黄巾军依草扎营，正可使用火攻。当天夜里，正赶上刮大风，皇甫嵩使派出精锐手执火把冲入敌营，焚烧敌寨。黄巾军突遭袭击，军中大乱。同时派精锐士卒偷偷越出包围圈，于城外黄巾军营地纵放大火并狂呼乱叫，城上的汉军则点燃火把与之紧密策应，皇甫嵩乘机率军击鼓而出城，直奔波才营阵冲杀过去，波才军猝不及防，惊慌四散。此时，汉灵帝所派曹操援兵恰好赶到，与皇甫嵩、朱儁所部协力合战，内外合击，大败波才，击斩其军数万人。（《后汉书·皇甫嵩朱儁列传》：『儁前与贼波才战，战败，嵩因进保长社。波才引大众围城，嵩兵少，军人皆恐，乃召军吏谓曰：「兵有奇变，不在众寡。今贼依草结营，易为风火。若因夜纵烧，必大惊乱。吾出兵击之，四面俱合，田单之功可成也。」其夕遂大风，嵩乃约敕军士皆束苣乘城，使锐士闲出围外，纵火大呼，城上举燎应之，嵩因鼓而奔其陈，贼惊乱奔走。会帝遣骑都尉曹操将兵适至，嵩、操与朱儁合兵更战，大破之，斩首数万级。封嵩都乡侯。嵩、儁乘胜进讨汝南、陈国黄巾，追

波才于阳翟，击彭脱于西华，并破之。余贼降散，三郡悉平。』）

东晋穆帝永和九年（公元353年），晋中军将军殷浩奉命率军讨伐羌族和丁零族的入侵。当时，羌人酋长姚襄自恃人多势众，出征以来所向无敌，殷浩多次成为姚襄的手下败将，根本不把殷浩放在眼里。姚襄率领大队人马大摇大摆地逼近晋军，竟然挑衅性地在离殷浩不到10里远的地方才把人马扎驻。殷浩命令一位颇有才华的将领江逌率一支轻骑打前锋，去扰敌营。江逌是殷浩手下最得力的将领之一，他以足智多谋、英勇善战著称，在许多重大战斗中屡建奇功。为打有把握之仗，江逌没有强攻，而是智取。他亲自到姚营作了仔细侦察，第二天，他命令部下抓来几百只鸡，在每只鸡身上淋上油，再用绳子把所有鸡连起来，然后，悄悄摸到姚襄军营前。他们把鸡点着火，朝敌营『放』去。数百只火鸡冲入姚襄营中，随处乱撞。没一会儿，羌人军营便大火四起，乱作一团。晋军趁乱挥军出击，大败姚襄。

公元557年，陈霸先立萧方智为帝，后梁另一大将王琳不服。第二年，王琳率军进攻建康，当时西南风紧，王琳自为得天助，引兵直取建康（今江苏南京），陈霸先的部将侯瑱则率军出芜湖尾随其后。王琳为消灭尾追而来的陈霸先军，决定以火攻之谋，向陈军战船纵火。不料，火势稍起后，江面上突然风向逆转，大火反而烧到王琳自己的战船。陈军乘机发动攻击，侯瑱以拍舰击王舰，又以蒙冲小船冲撞王舰，并溶铁洒之，王琳军大败，军士溺死及被杀伤殆尽。王琳退至湓城，欲收容散卒，已无人归附，于是携妻子逃奔北齐去了。

故以火佐攻者明，以水佐攻者强。水可以绝，不可以夺。

【注释】故以火佐攻者明：梅尧臣曰：『明白易胜。』张预曰：『用火助攻，灼然可以取胜。』明：即效果显著。以水

佐攻者强：杜佑曰：『水以为冲故强。』梅尧臣曰：『势之强也。』张预曰：『水能分敌之军，彼势分，则我势强。』水可以绝，不可以夺：《通典》卷一六〇、《御览》卷三二一所引『绝』下皆有『而』字。曹操曰：『火佐者，取胜明也；水佐者，但可以绝敌道，分敌军，不可以夺敌蓄积。』杜牧曰：『水可绝敌粮道，绝敌救援，绝敌奔逸，绝敌冲击，不可以水夺险要蓄积也。』绝：隔绝，断绝。

译文 所以，用火来辅助军队进攻，胜势明显；而用水来辅助军队进攻，攻势则必能加强。但水可以隔绝敌军，却不能毁坏敌人的物资储备。

评点 除了火攻之外，水攻在古代战争中也是经常采用的进攻辅助方法。水攻主要是指利用水力来冲毁敌人的城墙，浸泡敌军的资材粮秣，或是阻挡敌人的运输和进军路线等。像火攻必须借助风力、风向、天气等条件一样，利用水攻的战术也要根据实际情况，借助自然条件。凡是利用水攻，水源必须高于敌人的营寨或者城池，这样才可以截断敌人的水源，或是引水冲击城墙或交通线，甚至还可以于水源中加入毒药。自古以来使有许多水攻的战例，《通典》卷一六〇中曾引述了一些例子，现引述如下，作为例证。

汉王遣韩信已定齐临淄，遂东追齐王田广至高密。项羽使龙且将二十万，救齐。齐王田广、龙且并军与信战。未合，人或说龙且曰：『汉兵远斗穷兵，其锋不可当。齐、楚自居其地战，兵易败散。不如深壁，令齐王使其信臣招所亡城。城闻其王在，楚来救，必反汉。汉兵二千里客居齐，齐城皆反之，其势无所得食，可无战而降也。』龙且曰：『吾救齐，不战而降之，吾何功？今战而胜之，齐之半可得，何为止？』遂战，与信夹潍水阵。韩信乃夜令人为万余囊，盛沙，壅水上流，引军半渡，击龙且。佯不胜，还走。龙且果喜曰：『固知信怯也。』遂追信渡水。信使人决壅囊，水大至，龙且军太半不得渡，即急击，杀龙且。

水东军遂败走。

后汉董卓将兵三万讨先零羌，为羌胡所围，粮食乏绝，进退逼急。乃于所渡水中伪立鄢，为捕鱼，而潜从鄢下过。比贼追之，决水已深，不得渡。时众军败退，唯卓全师而还。

后汉末，曹公围吕布于下邳，引沂、泗二水灌城，克之。

陈闽中守陈宝应举兵反，据建安、晋安二郡界，水陆为栅。陈将章昭达讨之，据其上流，命军士伐木带枝叶为筏，施柏于其上，缀以大索，相次列营，夹两岸。宝应数挑战，昭达按甲不动。俄而暴雨，江水大涨，昭达大放筏冲突水栅，尽破。又出兵攻其步军。宝应大溃，遂克定闽中。

陈将欧阳纥据岭南反，陈将章昭达督众军讨之。纥乃出栅洭口，多聚沙石，以竹笼置于水栅之外，用遏舟舰。昭达居其上流，装舰造柏，以临贼栅。又令军人衔刀，潜行水中斫竹笼，笼篾皆解。因纵大舰随流突之，贼众大败，因而擒纥。

大唐武德中，刘黑闼据河北背反，太宗率兵讨之。先遣堰洺水上流，使浅，令黑闼得渡水。及战，遽令决堰，水至深丈余，贼徒既败，争渡水，溺死者数千人，咸以为神。黑闼与二百余骑奔于突厥，悉虏其兵众，河北悉平。

武德中，李靖随河间王孝恭讨萧铣，属江水泛涨，诸将皆请停兵，以待水退。靖谓孝恭曰：『兵者以速为神，机者时不可失。今若乘水涨之势，倏忽至其城下，可谓疾雷不及掩耳，兵家上策也。』孝恭从之，进兵次夷陵。铣将文士弘屯清江，靖与之决战，大破贼军。仍率所部，星驰进发，营于荆州城下。士弘既败，铣众莫不震詟。靖又破其将杨君茂、郑文秀等，遂围城数重。其夜，铣遣使请降。靖即入据其城，号令严肃，军无私焉。

夫战胜攻取而不修其功者凶，命曰费留。故曰：明主虑之，良将修之。非利不动，非得不用，非危不战。主不可以怒而兴师，将不可以愠而致战。合于利而动，不合于利而止。怒可以复喜，愠可以复悦，亡国不可以复存，死者不可以复生。故明君慎之，良将警之。此安国全军之道也。

注释

夫战胜攻取而不修其功者凶：汉简本「修」作「脩」，下句「良将修之」之「修」又作「随」。杜牧曰：「修者，举也。夫战胜攻取，若不藉有功举而赏之，则三军之士必不用命也，则有凶咎。」修：治，理。功：功效，后果。修其功：即言注意讲求战争对政治经济各方面所产生之后果。或谓指达到战略目的或巩固胜利成果」凶：祸殃，不吉利。与「吉」相对。《左传·昭公三十二年》：「越得岁，而吴伐之，必受其凶。」《楚辞·卜居》：「此孰吉孰凶？何去何从？」《后汉书·济南安王康传》：「故楚作章华以凶，吴兴姑苏而灭。」李贤注引《左氏传》：「楚灵王成章华之台，后卒被杀。」

命曰费留：汉简本作「命之曰费留」。命：同「名」。命名，称为。《左传·桓公二年》：「晋穆侯之夫人姜氏，以条之役生太子，命之曰仇。」《史记·韩信卢绾列传》：「韩太子亦生子，命曰婴。」唐柳宗元《四维论》：「世人之命廉者，曰不苟得也。」费留：一说为惜费，不及时论功行赏。曹操注：「若水之留不复还也。或曰，赏不以时，但费留也，赏善不踰日也。」《文选·左思〈魏都赋〉》亦有：「朝无刓印，国无费留。」吕向注：「功不赏曰费留。」一说应为「赘旒」。赘，连缀；旒，旌旗上的飘带。赘旒比喻实权旁落，为大臣挟持的君主，亦指有职无权的官吏。《公羊传·襄公十六年》：「君若赘旒然。」何休注：「旒，旗旒；赘，系属之辞，若今俗名就壻为赘壻矣。以旗旒喻者，为下所执持东西。」这里指若战胜不修其功，则胜利如同装饰品一样没有什么实际意义。一说为耗费钱财师老淹留。杜牧曰：「留滞费耗，终不成事也。」张预曰：「财竭师老而不得归，费留之谓也。」此说是。

非利不动，非得不用，非危不战：李筌曰：「明主贤将，非见利不起兵。」杜牧曰：「先见起兵之利，然后兵起。」非得不用：杜牧曰：「先见敌人可得，然后用兵。」非危不战：曹操曰：「不得已而用兵。」李筌曰：「非至危不战。」梅尧臣曰：「凡用兵非危急不战也，所以重凶器也。」

主不可以怒而兴师：汉简本作「主不可以怒兴军」，《通典》卷一五六、《御览》卷二七二、三一一所引作「主不可以怒而兴军」。兴师：举兵，起兵。《诗·秦风·无衣》：「王于兴师，修我戈矛，与子同仇。」宋苏轼《代张方平谏用兵书》：「兴师十万，日费千金。」「兴军」意同。将不可以愠而致战：汉简本作「将不可以温战」，《御览》卷二七二所引「致」作「合」。愠：含怒；怨恨。《诗·邶风·柏舟》：「忧心悄悄，愠于群小。」毛传：「愠，怒也。」

合于利而动，不合于利而止：汉简本作「合乎利而用，不合而止」，《通典》卷一五六、《御览》卷二七二、三一一所引「合于利而动」均作「合于利而用」。张预曰：「不可因己之喜怒而用兵，当顾利害所在。」《尉缭子》曰：兵起非可以忿也，见胜则兴，不见胜则止。」怒可以复喜，愠可以复悦：汉简本作「怒可复喜也，温可复……」，《御览》卷三一一所引作「怒而可以复喜，愠而可以复悦」，《御览》卷二七二所引作「怒不可以复喜，愠不可以复悦」。张预曰：「见于色者谓之喜，得于心者谓之悦。」

亡国不可以复存，死者不可以复生：《通典》卷一五六所引「生」下有「也」字，《御览》卷二七二所引作无二「以」字。

杜牧曰：「亡国者，非能亡人之国也，言不度德、不量力，因怒兴师，因愠合战，则其兵自死，其国自亡者也。」梅尧臣曰：「一时之怒可返而喜也，一时之愠可返而说也，国亡军死不可复已。」故明君慎之，良将警之：《通典》卷一五六、《御览》

卷二七二所引『故明君慎之』作『故曰明主虑之』。慎：谨慎，慎重。《易·颐》：『君子以慎言语，节饮食。』孔颖达疏：『故君子观此颐象，以谨慎言语，裁节饮食。』警：警惕。此安国全军之道也：《通典》卷一五六、《御览》卷三一一所引作『此安危之道也』，《御览》卷二七二所引作『此安国之道也』。张预曰：『君常慎于用兵，则可以安国；将常戒于轻战，则可以全军。』

译文 打了胜仗占了敌国，却不采取措施巩固胜利果实，将是非常危险的，这叫做『费留』。所以说，英明的国君和明智的将领一定要很好地注意这个问题。对国家没有利益就不要采取军事行动，如果没有取胜的把握就不要轻易用兵，除非处于危险之中，否则就不要轻启战端。君主不可以因为一时的怒气而兴兵，将领不可以因为一时的气愤而开战。符合国家利益就行动，不符合国家利益就停止。愤怒可以变得欢喜，怨恨可以变得高兴，但国家灭亡了就不会再存在，人死了也不可能再复活。所以，英明的国君要谨慎地对待这个问题，明智的将领也一定要时刻警醒。这是安定国家和保全军队的基本原则。

评点 在《孙子兵法》中，始终贯穿着『慎战』的思想，战争不是目的，而仅仅是解决问题的手段。在战争发生前，要慎之又慎，不到万不得已的时候，不要轻启战端；战争胜利时，同样也需要采取一些措施，巩固战争的成果，弥补战争所造成的损失。孙子在这一节中提出的『主不可以怒而兴师，将不可以愠而致战』的思想，尤其成为政治家和军事家应当谨记的格言。

战国时期，秦国击败魏、韩、赵三国后，基本形成了以秦与魏、韩为一方，齐与楚为另一方的两大集团对立局面。秦国欲攻齐，派张仪到楚国去，许诺割地600里要楚与齐绝交，以破坏齐楚联盟。楚怀王贪图小利，于是与齐断交，并派使者往秦索地。谁知楚国的使节到了秦国之后，张仪出尔反尔，只答应给楚国6里地。楚怀王受了张仪的欺骗，大怒，决定发兵攻打秦国。这时陈轸认为，攻打秦国没有取胜的把握，不是上策，不如联合秦国一道攻打齐国，把在秦国损失的土地从齐国补回来。否则，一旦攻秦招致失败，楚国将会蒙受更严重的损失。楚怀王咽不下这口恶气，坚持与秦绝交，派大将军屈丐率军攻秦。秦惠文王派庶长魏章及樗里疾、甘茂率军迎战，韩国也派兵相助。公元前312年，两军战于丹阳（今河南丹水北），秦施计离间楚将关系，使其互不配合，大败楚军，俘屈丐及裨将逢侯丑等70余将领，斩首8万人。随后，秦又遣军攻取楚地汉中（今陕西汉中）600里地，置汉中郡。楚怀王闻讯震怒，尽发全国之兵再度攻秦，与秦战于蓝田（今陕西境内），楚军再败。韩、魏配合秦军乘楚国内空虚，攻占楚地邓（今湖北襄樊北）。楚怀王被迫撤军，向秦割地求和。

能够控制住自己的怒气，不要因为一时冲动而造成难以挽回的后果，不但是军事斗争中应当遵守的法则，在社会生活的其它方面，也是非常重要的。

汉朝的开国元勋韩信年轻的时候，生活非常落魄，经常背着宝剑在街头闲逛。一天，韩信又在街上闲逛，一个少年突然拦住他的去路，故意侮辱他说：『韩信，你虽然个子长得挺大，经常背着宝剑，其实只不过是个外强中干的怕死鬼罢了。』围观的人听了都哈哈大笑，而韩信像是没有听见似的，继续向前走。那无赖见状，更加得意，当众拦住韩信，得寸进尺地说：『你如果是个不怕死的汉子，就拿剑来刺我；如果你真的贪生怕死，就从我的裤裆下钻过去。』说着便叉开两腿，趾高气扬地立在街上。韩信非常生气，但他很快就冷静下来，默默地注视他好一会儿，然后伏下身子，从这无赖的两腿之间爬了过去，惹得满街围观的人哄然大笑起来，那无赖也显得更加神气十足了。但韩信却像什么事情都没有发生似的，起身离去了。后来，韩信被刘邦拜为大将，协助刘邦平定了天下，成为汉朝开国最重要的功臣之一。功成名就之后，韩信通过寻访，特地把曾经羞辱他的那个无赖少年召来，不但没有杀他，还赐了他一个小官。对此，韩信自己解释说，他当年完全可以不从那个无赖的

胯下爬过，而是抽出宝剑杀了他。但他深知，小不忍则乱大谋。如果他当时杀了那个无赖，杀人要偿命，就将永远失去施展自己的满腹韬略的机会。而当他做了将军之后，不但没有报复那个无赖，反而对他施以恩惠，那是做给天下人看。如果天下人都知道他韩信宽容大度，那些过去和他有矛盾的人也就放心了。

韩信「胯下受辱」已经成了一个著名的历史典故，这段经历表现了韩信的大智若愚和非凡的气度，锻炼了他百折不挠、虚怀若谷的性格，这些都成了他日后成为杰出将领的潜在条件。他当时所表现出的控制自己的情绪的能力，的确不是平常人所能够做到的。

荀子曾经说过，斗殴的人，是忘掉了自己的身体，忘掉了自己的父母，忘掉了自己的君主。他们为了发泄一时的愤怒，而不惜以损害自己的身体为代价去拼打，这就是忘了自己；明知会因此连累到父母却还是去这样做，这就是忘了父母；明知道这是君主所厌恶和刑法所禁止的却置之不理，这就是忘了君主。凡是斗殴的人，必定是以为自己对而别人不对。如果自己真的对，别人真的不对，那就说明自己是君子而别人是小人，这就是用一个君子的身份去和小人争短长，因此忘掉自己，忘掉父母，忘掉君主，这不是太过分了吗？就好比用名贵的戈矛去刺牛粪一样荒唐。如果认为他这样做是明智的，那就没有比这更愚蠢的了；如果认为这样做对他有利，那就没有比这更有害的了；如果认为这样做可以为他赢得光荣，那就没有比这更耻辱的了；如果认为这样做可以维护他的安全，那就没有比这更危险的了。所以荀子提出：「君子戒斗」。

战国时，齐愍王常常标榜自己喜欢士，却不知道什么人才算士。有一次，尹文子去拜见齐王。齐王说：「我很喜欢士，可是齐国没有士，怎么办？」尹文子问：「既然大王您说自己喜欢士，那么您能说说什么样的人才能叫做士吗？」齐王一时不知如何回答。尹文子说：「假若这里有一个人，侍奉父母很孝顺，侍奉君主很忠诚，结交朋友很守信用，住在乡里敬爱兄长。有这四种品行的人，可以叫做士吗？」齐王说：「这真所谓是士了。」尹文子又问：「大王您如果得到了这个人，肯用他做臣子吗？」齐王说：「我当然希望了，但是却得不到啊！」尹文子说：「假如这个人在大庭广众之中受到莫大侮辱却不争斗，您还任用他做您的臣子吗？」齐王说：「不！士受到侮辱却不争斗，这就是耻辱。」尹文子说：「这个人虽然受到侮辱却不争斗，但没有丧失上述四种品行。没有丧失上述四种品行，就是没有丧失作为一个士的根据。没有丧失作为一个士的根据，您却一会儿说要用他为臣，一会儿又说不让他作臣子，那么您先前所认为的士还是士吗？」齐王又无言以对。尹文子接着说：「假如有这样一个人，在治理他的国家的时候，老百姓有没有错误都惩罚他们，还埋怨老百姓不好治理，这样可以吗？」齐王急忙为自己辩解，说自己还没到那种程度。尹文子就举例说：「您的法令上说：杀人者处死，伤人者受刑。有的老百姓敬畏您的法令，受到莫大的侮辱而不敢争斗，这是顾全您的法令，而您却说受到侮辱不去争斗是耻辱。本来可以做您的臣子您不重用他，这就是在惩罚他，并且是没有犯什么罪过而受到惩罚呀！」

在这里，尹文子实际上向齐王强调了这样一个道理，能够控制自己的情绪的人，不仅不是不道德的，反而是顾全大局的，应当受到尊重和重用。在现实生活当中，存在着各种复杂的利害关系，在生活、前途、地位等方面，都有与他人发生冲突的可能，如果一味地争长短、比高低，情急之下往往容易丧失理智。只有善于把自身的优势，向内转化成一种自我涵养，才能够站在大局上处理问题，并且有效地保存自己的力量，不做无谓的牺牲。

《战国策》中记载：赵国将发兵攻打燕国，苏代作为燕王的使者去游说赵惠文王，他向赵惠文王讲了一个「鹬蚌相争」的故事。苏代说：「我来贵国的时候路过易水，看见一只河蚌正在沙滩上张开壳晒太阳，正巧被一只鹬鸟看见了，就伸出长长的嘴去咬河蚌的肉。河蚌一下子闭上壳，夹住了鹬鸟的嘴。鹬鸟说：「有本事你就不要把壳松开。今天不下雨，明天不下雨，

就会把你干死。」河蚌则说：「我今天不松开，明天不松开，就会把你饿死。」它们谁也不肯相让，结果一个老渔翁走过来，把它俩一起抓住放进了鱼篓里。现在赵国要去攻打燕国，假若两国相持不下，强秦就要坐收渔翁之利了！」赵王觉得他说得有道理，于是停止了攻燕。

如果随便问一个人「鹬蚌相争，渔翁得利」说了一个什么道理，几乎没有人不知道。但是，为了一点鸡毛蒜皮的小事情就大打出手，甚至致使构怨成仇，以至于取祸丧身的事例在现实生活中却又屡见不鲜。由此可见，控制住自己的情绪并不是一件容易做到的事情。

子路刚见到孔子的时候，「欲凌暴孔子」，孔子并没有与他争斗，而是向他讲明事理，使子路心悦诚服，日后成为孔子最得意的弟子和最得力的助手之一。前人已经为我们做出了太多这样的榜样，只要我们都能够平心静气，多从长远和大局考虑问题，一定会节省更多宝贵的时间和精力去做更重要的事情。

所以，在做事的过程中，产生令人不愉快的事情是难免的，关键是看你自己如何处理，采取什么样的处世策略。涵养也是决定一个人的一生能不能取得成功的一个主要因素。

第十三章 用间篇

孙子曰：凡兴师十万，出征千里，百姓之费，公家之奉，日费千金；内外骚动，怠于道路，不得操事者，七十万家。相守数年，以争一日之胜，而爱爵禄百金，不知敌之情者，不仁之至也，非人之将也，非主之佐也，非胜之主也。

注释

凡兴师十万，出征千里：《御览》卷二九二所引无「凡」字，「出征」作「出师」，《长短经·还师》所引「十万」作「百万」。兴：派遣。《左传·哀公二十六年》：「大尹兴空泽之士千甲，奉公自空桐入，如沃宫。」杜预注：「兴，发也。」出征：出外作战。《易·离》：「王用出征，有嘉折首，获匪其丑，无咎。」《后汉书·刘玄传》：「诸将出征，各自专置牧守，州郡交错，不知所从。」《隋书·李密传》：「今天子出征，远在辽外，地去幽州，悬隔千里。」

公家之奉：国家的开支。公家：指朝廷或国家。《左传·僖公九年》：「公家之利，知无不为，忠也。」《淮南子·人间训》：「田子方见老马于道，喟然有志焉，以问其御曰：「此何马也？」其御曰：「此故公家畜也。老罢而不为用，出而鬻之。」」《汉书·食货志下》：「（商贾）财或累万金，而不佐公家之急，黎民重困。」《三国志·魏志·毛玠传》：「公家无经岁之储，百姓无安固之志，难以持久。」奉：同「俸」，这里指军费开支。骚动：动荡，不安宁。《史记·太史公自序》：「夫神大用则竭，形大劳则敝。形神骚动，欲与天地长久，非所闻也。」韩愈《与鄂州柳中丞书》之二：「夫远征军士，行者有羁旅离别之思，居者有怨旷骚动之忧。」清李渔《玉搔头·媲美》：「以致乘舆往返，人心骚动。」怠：疲倦，困惫。战国楚宋玉《高

唐赋》：『昔者，先王尝游高唐，怠而昼寝。』《文选·司马相如〈子虚赋〉》：『怠而后发，游于清池。』郭璞注：『怠，倦也。』

不得操事者，七十万家：操事，指从事正常的生产劳作。十万之师出征，七十万家不能从事生产，这是以古代井田制为基础来说的。曹操曰：『古者八家为邻，一家从军，七家奉之，言十万之师举，不事耕稼者七十万家。』李筌曰：『古者发一家之兵，则邻里三族共资之，是以不得耕作者七十万家而资十万之众矣。』杜牧曰：『古者一夫田一顷，夫九顷之地，中心一顷凿井树庐，八家居之，是为井田。怠，疲也，言七十万家奉十万之师，转输疲于道路也。』张预曰：『井田之法，八家为邻，一家从军，七家奉之，兴兵十万，则辍耕作者七十万家也。或问曰：重地则掠，疲于道路而转输，何也？曰：非止运粮，亦供器用也，且兵贵掠敌者，谓深践敌境则当备其乏，故须掠以继食，非专馆毂于敌也，亦有碛卤之地无粮可因，得不饷乎？』皆得之。

守：等待，守候。《国语·越语下》：『蠡闻之，上帝不考，时反是守，强索者不祥。』韦昭注：『言天未成越，当守天时，天时反，乃可以动。』《史记·乐书》：『今夫古乐，进旅而退旅，和正以广，弦匏笙簧合守拊鼓，始奏以文，止乱以武，治乱以相，讯疾以雅。』张守节正义：『守，待也。』爱：舍不得，吝惜。《论语·八佾》：『子贡欲去告朔之饩羊。子曰：「赐也！尔爱其羊，我爱其礼。」』《孟子·梁惠王上》：『百姓皆以王为爱也，臣固知王之不忍也。』赵岐注：『爱，啬也。』

人：汉简本作『民』，因后世避唐太宗讳所改。主：汉简本作『注』，主宰。

译文 孙子说：一般来说，如果要出兵十万，出征千里，那么，百姓的耗费，国家的开支，每天都要花费千金之巨。在这期间，国内国外动乱不安，人们疲备地奔波在路上，不能正常从事生产的，则要多达七十万家。以这样的代价相持数年，就是为了能够一朝取胜。如果因为吝惜爵禄和钱财而不肯重用间谍，以致因此而不能掌握敌情，那可以说是不仁到极点了。这种人不配作为军队的统帅，不能算作国君的辅佐，不会成为胜利的主宰。

评点 《百战奇略·间战》中说：『凡欲征伐，先用间谍，觇敌之众寡、虚实、动静，然后兴师，则大功可立，战无不胜。法曰：「无所不用间也。」』大体意思是，凡是要出兵进攻敌人，必须事先派遣间谍秘密探明敌军人数之多少、力量之虚实、部队之行止，然后再出兵进攻，就能大功可立，战无不胜。这就是兵法上所说的：『军事斗争中无时无处不可以使用间谍。』使用间谍是战争中的一种重要手段，也为中国历代兵家所重视。据史料载，在夏帝少康时期，我国就开始使用间谍。《左传·哀公元年》中就有『……使女艾谍浇』的记载，清朝人朱逢甲在《间书》中也说：『用间始于夏王少康，使女艾间浇。』女艾是夏代少康时代的人，国君少康曾经把他派到其敌人浇那里去进行间谍活动。

少康是夏朝的第六个君主，而要了解他派女艾充当间谍的始末，还要从夏朝的第三个君主太康谈起。太康在位的时候耽于玩乐，不理朝政，喜欢外出打猎，并且往往一出去就是数月不归。有一次，太康又外出游玩打猎去了，他手下一位勇猛善射的大将后羿利用这个机会，把持了夏朝的大权，立太康的弟弟仲康为国君。太康有家不能回，最后客死他乡。后羿也不是一个勤于政事的人，把持大权之后，他也不理朝政，醉心于山野行猎的乐趣。后羿属下有个叫寒浞的人，他骗取了后羿的信任，并设计杀死了后羿，还夺取了后羿的妻子，并与其生下了两个儿子：浇和豷。寒浞把过和戈这两个地方封赏给了他们。

仲康之后，他的儿子相成为夏朝的第五位国君，但大权仍然在寒浞手中。寒浞担心相会危及自己，就把国君相杀掉了。当时，相的妃子已经怀孕，她从墙洞侥幸逃走，并生下了儿子少康。少康在有虞氏部落居住下来，有虞氏首领十分器重他，把两个女儿都嫁给了少康，还给了少康一片封地和500名奴隶。但少康并不满足于此，他一直把杀父之仇记在心上，希望能够除掉仇人，

复兴国家。为了消灭寒浞的两个儿子浇和豷，少康需要关于他们动向的一些情报，于是，他想到了使用「间谍」。少康找到了他的一位忠心耿耿而且智勇双全的仆人，名字叫女艾，把自己的想法告诉了他。女艾欣然前往。

女艾到了浇所统治的地方之后，很快取得了浇的信任，获取了关于他的一些基本情况和动向，并源源不断地报告给少康，同时根据他所掌握的情况，与少康一起拟定了灭浇的计划，终于一举消灭了浇。随后，他们又乘胜出兵，消灭了寒浞的另一个儿子豷。寒浞失去两个儿子，实力大减。少康收罗父亲当年的旧部，招兵买马，扩充实力，终于打败了寒浞等人，中兴了夏王朝，史书上称之为「少康中兴」。

商末周初时期，相传姜子牙所著的《太公六韬》中说：「游士八人，主伺奸侯变，开阖人情，观敌之意，以为间谍。」《周礼·秋官司寇》中也说：「掌士之八成，一曰邦汋，二曰邦贼，三曰邦谍，四曰犯邦令，五曰挢邦令，六曰为邦盗，七曰为邦朋，八曰为邦诬。」「邦汋」，即为国家斟酌盗取机密之人；邦谍，则即为国家的间谍。《礼记·千乘》中说：「以中情出，小曰间，大曰谍。」小的情报活动称为间，重大的窃秘活动称为谍，「中情」即为「间」、「谍」的合称。此外，《尔雅》中的「伣」，《礼记》中的「覸」，《史记》中的「中龄」，《后汉书》中的「侦侯」等等，都是指的间谍。可见间谍在我国军事斗争中有着悠久的历史。

《百战奇略·间战》中，也曾着重阐述了使用间谍在战争中的作用。它认为，凡要战胜敌人，就必须做到「知彼」，了解敌人的基本情况；而要做到「知彼」，就须利用一切可以利用的手段，周密地侦察敌情。在科技手段和侦察技术不发达的古代，派遣间谍侦察敌情，便成为兵家最主要、最有效的一种手段。它还举例说，北朝时期的北周大将韦孝宽，就是以善用间谍而著称于世的。在北周与北齐的对抗中，他采取派谍入齐和收买齐人为谍等手段，不仅随时掌握了北齐的内情

和动态，而且离间了齐后主与齐相斛律光，诱使齐后主杀害了「贤而有勇」的斛律光，为其后北周出兵灭亡北齐、统一北方，扫清了障碍。「周将韦叔裕，字孝宽，以德行守镇玉壁。孝宽善于抚御，能得人心，所遣间谍入齐者，皆为尽力。亦有齐人得孝宽金货者，遥通书疏。故齐动静，朝廷皆知之。齐相斛律光，字明月，贤而有勇，孝宽深忌之。参军曲严颇知卜筮，谓孝宽曰：『来年东朝必大相杀戮。』孝宽因令严作谣歌曰：『百升飞上天，明月照长安。』百升，斛也。又言：『高山不推自隤，槲木不扶自立。』令谍人多赍此文，遗之于邺。祖孝正与光有隙，既闻更润色之，明月卒以此诛。周武帝闻光死，赦其境内，后大举兵，遂灭齐。」这段文字用现代的语言表述就是，北周大将韦叔裕，字孝宽，凭借自身的品德和能力而长期镇守在玉壁城。他善于抚慰和管理士卒，深受部众的拥护。因此，他所派往北齐的间谍，都能尽力搜集情报。他还用重金收买北齐人，从齐国为他们送来书面的情报。因此，北齐有什么动静，北周朝廷都了如指掌。

北齐左丞相斛律光，字明月，贤明而且勇武，是韦孝宽非常头疼的一个对手。为了除掉这个强劲的对手，他采纳了参军曲严的建议，命令擅长卜筮的曲严编造歌谣，说：「百升飞上天，明月照长安。」又说：「高山不推自隤，槲木不扶自立。」在古代的容量单位中，十升等于一斗，十斗即一百升，等于一斛。歌谣中的「百升」，影射斛律光的「斛」字。北齐王姓高，歌谣中的「高山」，影射北齐王；「槲树」影射斛律光。然后，他命令间谍携带大量写有歌谣的传单，散发到齐都邺城。北齐尚书左仆射祖孝征「《周书·韦孝宽传》原作「祖孝征」，《百战奇法》原作者援引时因讳宋仁宗（祯）而改「征」为「正」。」与斛律光有矛盾，他得此传单后添油加醋地报告了北齐后主高纬，后主不辨真伪，怀疑斛律光要造反，立即下令杀了斛律光。北周武帝宇文邕获悉斛律光被杀的消息后，竟然高兴得立即向全国颁布大赦令。后来，北周又出动大军，一举而灭亡了北齐。

像韦孝宽这样的人，不正是孙子所说的「人之将」、「主之佐」、「胜之主」吗？

故明君贤将，所以动而胜人，成功出于众者，先知也。先知者，不可取于鬼神，不可象于事，不可验于度，必取于人，知敌之情者也。

注释

故明君贤将：《御览》卷二九二所引作「是故明王、圣主、贤君、胜将」。出：高出，超出。《水经注·潍水》：「台在城东南十里，孤立特显，出于众山。」苏轼《上神宗皇帝书》：「则所谓智出天下，而听于至愚，威加四海，而屈于匹夫。」

先知也：《御览》卷二九二所引无「也」字。杜牧曰：「知敌情也。」梅尧臣曰：「主不妄动，动必胜人，将不苟功，功必出众。所以者何也？在预知敌情也。」王皙曰：「先知敌情，制胜如神也。」先知，即预先洞察敌情。先知者，不可取于鬼神：《御览》卷二九二所引无「先知者」三字，「鬼神」作「神鬼」。张预曰：「视之不见，听之不闻，不可以祷祀而取。」

不可象于事：《御览》卷二九二所引「事」后有「也」字。曹操曰：「不可以事类而求也。」杜牧曰：「象者，类也。言不可以他事比类而求。」张预曰：「不可以事之相类者拟象而求。」象：类推，模拟。不可验于度：《御览》卷二九二所引「度」前有「事」字。曹操曰：「不可以事数度也。」梅尧臣曰：「不可以度数验也，言先知之难也。」张预曰：「不可以度数推验而知。」验：验证，证实。《韩非子·南面》：「言无端末，辩无所验者，此言之责也。」《史记·孟子荀卿列传》：「其语闳大不经，必先验小物，推而大之，至于无垠。」度：天象的度数。《周礼·天官·小宰》：「其属六十」汉郑玄注：「六官之属，三百六十，象天地四时，日月星辰之度数。」贾公彦疏：「周天三百六十五度四分度之一，举全数亦得云三百六十也。」《颜氏家训·归心》：「日月五星、二十八宿，各有度数。」《朱子语类》卷二：「度，却是将天横分成许多度数。」

必取于人，知敌之情者也：汉简本作「必取于人知者」，《御览》卷二九二所引无「者」字。张预曰：「鬼神、象类、度数皆不可以求先知，必因人而后知敌情也。」

译文

所以，明君和贤将之所以能够一出兵就战胜敌人，取得的功绩超越一般人，原因就在于他们能预先知道敌情。要预先了解敌情，不可求助于神鬼，不可用相似的情况作模拟主观推测，也不可用日月星辰运行的度数来验证，一定要从人那里取得，求助于那些熟悉敌情的人。

评点

在这里，孙子强调了了解敌人情报是战争胜利的前提，而择人用间则是获取情报唯一正确的途径，从而对间谍的重要意义给予了充分的肯定。

派间谍获取情报，在我国古代一直颇受重视。如《左传·庄公二十八年》记载：楚国攻郑，「诸侯救郑。楚师夜遁。郑人将奔桐丘，谍告曰：「楚幕有乌。」乃止。」郑国由于尚不知道楚国已经害怕诸侯救郑而占不到便宜而连夜撤兵的消息，迫于楚国势大，准备逃往桐丘。派出的间谍回来报告说，楚军的帐篷上有乌鸦，最终才没有逃跑，给楚国人以可乘之机。《礼记·檀弓》记载了这样一件事：晋国将要侵伐宋国，便派间谍去刺探情报，间谍在宋国看到这样一件事情，「阳门之介夫死，司城子罕入而哭之哀。晋人之觇宋者，反报于晋侯曰：「阳门之介夫死，而子罕哭之哀，而民说，殆不可伐也。」」晋国派往宋国的暗探回国报告：宋国的司城子罕这样高贵的人居然去看望一个死去的守城门的人，百姓都很感动，认为这样的国家是不好攻打的。这说明，在春秋时期，各国对刺探别国的军事和政治情报，就已经非常重视。

在今天激烈的商战中，有许多商家也使用了经济间谍来窃取对手的商业机密和商业情报。甚至可以说，当今世界，哪里

有新技术，哪里有市场，哪里就有经济间谍的身影。他们不仅使用传统间谍的的种种手段，而且还使用了包括窃听、卫星侦察等各种现代先进的技术和设备，采用了一些从前从来没有过的奇特的办法，不择一切手段，不惜一切代价地去捞取情报。

1973年，苏联人散布消息说，它打算建造一座世界上最大的喷气式客机制造厂，该厂建成后将年产100架巨型客机，这笔价值3亿美元的大生意将会与美国、英国或者联邦德国的公司合作。美国波音飞机公司、洛克希德飞机公司和麦克唐奈－道格拉斯等飞机公司闻讯后，都非常兴奋，想抢到这笔「大生意」。虽然当时美苏两国正处于冷战之中，但它们还是背着美国政府，分别同苏联方面进行私下的接触。波音飞机公司为了挤走竞争对手而抢到生意，同意了苏联方面让20名苏联专家到飞机制造厂参观、考察的要求。苏联专家在波音公司仔细参观飞机装配线，而且波音公司还允许他们钻到机密的实验室里进行考察。苏联人拍了成千上万张照片，得到了大量的资料，最后还带走了波音公司制造巨型客机的详细计划。波音公司热情地送走苏联专家后，满心欢喜地等着他们回来签合同，岂料这些人一去之后就再也没有了音讯。不久，苏联的伊柳辛式巨型喷气运输机设计投产了，美国人惊讶地发现，苏联利用的居然是波音公司的技术。而令美国人不解的是，波音公司当初为了防止技术泄露，在向苏联方面提供资料时曾经特意留了一手，有关制造飞机的合金材料的机密并没有告诉他们，而苏联是怎么掌握这项技术的呢？原来，秘密在苏联考察专家穿的一种鞋上，他们穿的是一种特殊的皮鞋，鞋底能吸住从飞机部件上切削下来的金属屑。他们通过对带回去的金属屑的分析，从而得到了制造合金的秘密。

现代经济间谍窃取情报的手段令人叹为观止、防不胜防，已经成为令世界范围内的商家一个非常头疼的问题。

故用间有五：有因间，有内间，有反间，有死间，有生间。五间俱起，莫知其道，是谓神纪，人君之宝也。因间者，因其乡人而用之；内间者，因其官人而用之；反间者，因其敌间而用之；死间者，为诳事于外，令吾间知之，而传于敌间也；生间者，反报也。

注释

因间：樱田本作『乡间』，张预曰：『此五间之名。因间当为乡间，故下文云乡间可得而使。』下文贾林注曰：『读因间为乡间。』五间俱起，莫知其道，是谓神纪，人君之宝也：汉简本『宝』作『葆』。曹操曰：『同时任用五间也。』梅尧臣曰：『五间俱起以间敌，而莫知我用之之道，是曰神妙之纲纪，人君之所贵也。』王皙曰：『五间俱起，人不之测，是用兵神妙之大纪，人主之重宝也。』道：规律。纪：道，理，法则，准则。贾林曰：『纪，理也。言敌人但莫知我以何道，如通神理也。』《管子·心术上》：『故必知不言无为之事，然后知道之纪。』《老子》：『能知古始，是谓道纪。』司马迁《报任少卿书》：『综其终始，稽其成败兴坏之纪，上计轩辕，下至于兹。』神纪：即神妙莫测的方法。

因间者，因其乡人而用之：所谓『因间』，就是利用敌国人作间谍。因：利用，凭借。杜牧曰：『因敌乡国之人而厚抚之，使为间也。』梅尧臣曰：『因其国人利而使之。』内间者，因其官人而用之：《长短经·五间》、《通典》卷一五一、《御览》卷二九二所引『之』后有『也者』二字，樱田本『之』后有『也』字。所谓『内间』，就是利用敌国官吏作间谍。杜牧曰：『敌之官人，有贤而失职者，有过而被刑者，亦有宠嬖而贪财者，有屈在下位者，有不得任使者，有欲因败丧以求展己之材能者，翻覆变诈常持两端之心者，如此之官，皆可以潜通问遗，厚贶金帛而结之，因求其国中之情，察其谋我之事，复间其君臣，使不和同也。』

反间者，因其敌间而用之：《长短经·五间》、《通典》卷一五一、《御览》卷二九二所引『之』后有『也者』二字，

樱田本『之』后有『也』字。所谓『反间』，就是收买敌人派来的间谍为我所用。李筌曰：『敌有间来窥我得失，我厚赂之而令反为我间也。』王皙曰：『反间，反为我间也。或留之使言其情，又或示以诡形而遣之。』死间者，为诳事于外，令吾间知之，而传于敌间也：《长短经·五间》、《通典》卷一五一、《御览》卷二九二所引『传于敌间』作『待于敌』。所谓『死间』，就是安插在敌方用以向敌人散布假消息的间谍。杜牧曰：『言吾间在敌，未知事情，我则诈立事迹，令吾间凭其诈迹，以输诚于敌，而得敌信也。若吾进取与诈迹不同，间者不能脱，则为敌所杀，故曰「死间」也。』诳：惑乱，欺骗。杜牧曰：『诳者，诈也。』《礼记·曲礼上》：『幼子常视毋诳。』郑玄注：『小未有所知，常示以正物，以正教之，无诳欺。』《国语·周语下》：『夫天道导可而省否，苌叔反是，以诳刘子，必有三殃。』柳宗元《天对》：『巧欺淫诳，幽阳以别。』

生间者，反报也：《长短经·五间》、《通典》卷一五一、《御览》卷二九二所引『报』后有『者』字。所谓『生间』，就是获取了敌人情报回来报告的间谍。梅尧臣曰：『使智辨者往觇其情而以归报也。』张预曰：『选智能之士往视敌情归以报我。』反：还归，回，后多作『返』。《书·五子之歌》：『畋于有洛之表，十旬弗反。』贾谊《过秦论中》：『虚囹圄而免刑戮，去收孥污秽之罪，使各反其乡里。』苏轼《后赤壁赋》：『反而登舟，放乎中流，听其所止而休焉。』

译文

所以，有五种间谍可以使用，即『因间』、『内间』、『反间』、『死间』、『生间』。五种间谍同时使用，没有人能够捉摸其中的规律，这就是使用间谍神妙莫测的方法，也是国君的法宝。所谓『因间』，就是利用敌国人作间谍；所谓『内间』，就是利用敌国官吏作间谍；所谓『反间』，就是使敌方间谍为我所用；所谓『死间』，就是安插在敌方用以向敌人散布假消息的间谍；所谓『生间』，就是获取了敌人情报回来报告的间谍。

评点

孙子『五间俱起』的思想，深受古今中外许多兵家的重视，『不仅把情报提升到战略层面，而且更视情报为其整个思想体系的终点和全部战略计划的基础』，可以说是一个完整的军事情报学体系。在我国古代，利用各种间谍取得军事斗争胜利的例子举不胜举。

公元1134年，著名主战派抗金名将韩世忠镇守扬州。而此时，虽然韩世忠、岳飞等人屡挫金兵，但朝中投降派仍然得势，总想同金国屈膝议和。有一次，南宋朝廷又派魏良臣、王绘等人去金营议和。韩世忠知道，二人北上，必然要经过扬州，他心里极不高兴，生怕二人为了讨好敌人，而把其军情泄露给敌人。可是，他转念一想，这些人可以泄露军情，不是也有可能利用来传递假情报吗？何不利用他们传递一些假情报给金兵？于是，等二人北上经过扬州时，韩世忠故意派出一支部队从东门开出。魏良臣、王绘见了，忙打听军队去向，士兵告诉他们这是奉命去防守江口的先头部队。二人进城拜见韩世忠，在他们谈话的过程中，一再有朝廷的命令来催促韩世忠马上移营守江，韩世忠故意把这些消息都透露给了他们。

第二天，两位议和的大臣离开扬州，前往金营。为了讨好金人，他们把韩世忠接到朝廷命令，已率部移营守江口的消息告诉了金军的大将聂呼贝勒。金将觉得韩世忠移营守江，扬州城内空虚，正好夺取。于是，聂呼贝勒送二人往金兀术处谈判，自己则立即调兵遣将，亲自率领精锐骑兵向扬州挺进。

韩世忠送走二人之后，便在扬州北面大仪镇（分江苏仪征东北）的二十多处设下埋伏，形成包围圈，等待金兵的到来。金兵大军一到，韩世忠首先率少数兵士迎战，边战边退，把金兵引入伏击圈。金兵中计之后，一声炮响，宋军伏兵从四面杀出，金兵一败涂地，先锋被擒，主帅仓皇逃命。

金兵失利之后，金兀术大怒，把传递假情报的魏良臣、王绘囚禁了起来，两位投降派不知不觉中成了韩世忠的『死间』。

『五间』的区分，其实都是相对的，有时候并不难把『内间』、『反间』、『乡间』、『死间』、『生间』等明确区分开，

有时候在一项军事计划中，往往几种间谍并用。

公元前204年，刘邦被项羽包围在荥阳城中一年之久，外援和粮草通道都被断绝，刘邦想与项羽割地求和，项羽不听，内外交困之际，使去请教陈平。陈平为他分析道：『项王为人，恭敬爱人，士之廉节好礼者多归之。至于行功赏爵邑，重之，士亦以此不附。今大王嫚而少礼，士之廉节者不来；然大王能饶人以爵邑，士之顽顿耆利无耻者亦多归汉。诚各去两短，集两长，天下指麾即定矣。然大王资侮人，不能得廉节之士。顾楚有可乱者，彼项王骨鲠之臣亚父、钟离昧、龙且、周殷之属，不过数人耳。大王能出捐数万斤金，行反间，间其君臣，以疑其心，项王为人意忌信谗，必内相诛。汉因举兵而攻之，破楚必矣。』大体意思是，项羽虽然招纳了许多人才，但他每到赏赐功臣时，都吝啬爵位和封邑，因此士人多不愿意为他卖命。他所依赖的，不过是亚父范增、钟离昧、龙且等几个人。他建议刘邦，如果能舍得些钱财，用反间计离间他们君臣之间的关系，使之上下相疑，引起内讧，到那时汉军乘机反攻，定能击败楚军。

刘邦听从了他的计策。慨然交给陈平四万两黄金，听凭他自由支配。陈平用这些钱重金收买楚军中的将士，让他们散布流言说：钟离昧、龙且、周殷等将领功绩卓著，但却不能封王，他们将要与汉王联合，灭掉项羽，瓜分他的土地。谣言传到项羽耳中，项羽果然起了疑心。此时，适逢项羽遣派使者到汉营，陈平听说项羽的使者到了，立刻指使侍从拿出上等的餐具和十分丰盛的食品，可一见到楚使之后，他又佯装惊讶道：『原以为是亚父范增的使者，怎么却是项王的使者？』于是匆忙命人把原物撤下，换上劣等的食物及餐具。楚使回去把这件事情报告给了项羽，项羽又对范增陡生疑心。

亚父范增不知道其中的原委，还一再地去劝说项羽速取荥阳，以免夜长梦多。项羽由于不再信任他了，对范增的建议不理不睬。范增本来对项羽忠心耿耿，见项羽竟然疑心自己，气愤他说：『天下事大定矣，君王自为之！愿乞骸骨归！』天下事成败已定，请您好自为之，我请求带这把老骨头退归乡里！范增又气又恼，归乡途中背生痈疽，还没有到故乡彭城，就病死在了路上。

一年后，刘邦将项羽彻底击败。

故三军之事，莫亲于间，赏莫厚于间，事莫密于间。非圣智不能用间，非仁义不能使间，非微妙不能得间之实。微哉微哉！无所不用间也。间事未发而先闻者，间与所告者皆死。

注释

故三军之事，莫亲于间：汉简本、《长短经·五间》、《通典》卷一五一、《御览》卷二九二所引『事』作『亲』。梅尧臣曰：『入幄受词，最为亲近。』王皙曰：『以腹心亲结之。』张预曰：『三军之士，然皆亲抚，独于间者以腹心相委，是最为亲密也。』

非圣智不能用间：梅尧臣曰：『知其情伪，辨其邪正，则能用。』王皙曰：『圣通而先识，智明于事。』张预曰：『圣则事无不通，智则洞照几先，然后能为间事。或曰圣智则能知人。』圣：聪明睿智。《礼记·经解》：『其在朝廷则道仁圣礼义之序。』俞樾《群经平议·礼记四》：『凡以圣与仁义礼并言者，圣即知也。』《老子》：『绝圣弃智，民利百倍。』王弼注：『圣智，才之善也。』《文子·道德》：『文子问圣智。老子曰：闻而知之，圣也；见而知之，智也。』《后汉书·范升传》：『今众人咸称朝圣，皆曰公明，盖明者无不见，圣者无不闻。』

非仁义不能使间：陈皞曰：『仁者有恩以及人，义者得宜而制事。主将者既能仁结而义使，则间者尽心而觇察，乐为我

用也。」梅尧臣曰：「抚之以仁，示之以义，则能使。」王皙曰：「仁结其心，义激其节，仁义使人，有何不可？」张预曰：「仁则不爱爵赏，义则果决无疑，既啖以厚利，又待以至诚，则间者竭力。」

非微妙不能得间之实：《长短经·五间》所引「微妙」作「密微」，「不」作「莫」，《通典》卷一五一、《御览》卷二九二所引「微妙」作「微密者」。杜牧曰：「间亦有利于财宝，不得敌之实情，但将虚辞以赴我约，此须用心渊妙，乃能酌其情伪虚实也。」梅尧臣曰：「防间反为敌所使思虑，故宜几微臻妙。」王皙曰：「谓间者必性识微妙，乃能得所间之事实。」微妙：精细巧妙。《荀子·议兵》：「兼是数国者，皆干赏蹈利之兵也，佣徒鬻卖之道也，未有贵上安制綦节之理也。诸侯有能微妙之以节，则作而兼殆之耳。」杨倞注：「微妙，精尽也……诸侯有能精尽仁义，则能起而兼危此数国。」实：实情。

微哉微哉！无所不用间也：汉简本「微」作「密」，「无」作「毋」。梅尧臣曰：「微之又微，则何所不知？」张预曰：「密之又密，则事无巨细皆先知也。」

间事未发而先闻者，间与所告者皆死：《通典》卷一五一、《御览》卷二九二所引作「间事未发而先闻，其间者与所告者皆死」，樱田本作「间事未发而先闻，间者与所告者皆死」。杜牧曰：「告者非诱间者，则不得知间者之情，杀之可也。」陈皞曰：「间者未发其事，有人来告其间者，所告者亦与间者俱杀以灭口，无令敌人知之。」梅尧臣曰：「杀间者恶其泄，杀告者灭其言。」发：施行；实行。《诗·大雅·烝民》：「赋政于外，四方爰发。」马瑞辰通释：「按《商颂》『遂视既发』，笺：『发，行也。偏省视之教令则尽行也。』此诗『发』亦当训『行』，承上『赋政于外』言之。『四方爰发』犹云四方之政行焉。」《吕氏春秋·重言》：「齐桓公与管仲谋伐莒，谋未发而闻于国。」高诱注：「发，行。」《史记·商君列传》：「发教封内，而巴人致贡。」

孙子兵法精注精译精评

译文

所以，在军队中没有人比间谍更亲密的，没有人比间谍更应受到优厚奖赏，没有比使用间谍更为机密的事务。不是聪明睿智的人不能使用间谍，不是仁德慷慨的人不能驱使间谍，不是精细巧妙的人不能得到真实的情报。微妙啊，微妙！无时无处不可以使用间谍。间谍工作尚未开展，而有人先得到了消息，那么间谍和告知的人都要处死。

评点

使用间谍是一件非常机密的事情，所以必须慎之又慎，否则计划可能会全盘落空。汉武帝时期王恢马邑诱敌计划的失败，就是在于谋划的不周密。对此，《史记·匈奴列传》中记载说：

今帝即位，明和亲约束，厚遇，通关市，饶给之。匈奴自单于以下皆亲汉，往来长城下。汉使马邑下人聂翁壹奸兰出物与匈奴交，详为卖马邑城以诱单于。单于信之，而贪马邑财物，乃以十万骑入武州塞。汉伏兵三十余万马邑旁，御史大夫韩安国为护军，护四将军以伏单于。单于既入汉塞，未至马邑百余里，见畜布野而无人牧者，怪之，乃攻亭。是时雁门尉史行徼，见寇，葆此亭，知汉兵谋。单于得，欲杀之，尉史乃告单于汉兵所居。单于大惊曰：「吾固疑之。」乃引兵还。出曰：「吾得尉史，天也，天使若言。」以尉史为「天王」。汉兵约，单于入马邑而纵。单于不至，以故汉兵无所得。汉将军王恢部出代击胡辎重，闻单于还，兵多，不敢出。汉以恢本造兵谋而不进，斩恢。自是之后，匈奴绝和亲，攻当路塞，往往入盗于汉边，不可胜数。

汉武帝继位之后，由于继续实行和亲的政策，宽厚地对待匈奴，互通关市，所以汉和匈奴的关系较好，匈奴从单于到平民都亲近汉朝，经常往来于长城之下。但是，匈奴始终是汉朝的一块心病，汉武帝时期，随着国力的增强，汉朝想一举打败匈奴，使北部边境问题得到持久解决。为了使计划顺利进行，于是，汉朝指派马邑城的聂翁壹故意违犯禁令，运出货物同匈奴交易，并佯称做内应出卖马邑城，借此以引诱单于。单于相信了此事，垂涎于马邑城中的财物，就用十万骑兵侵入武州边塞。此时，

汉朝早已在马邑城附近埋伏下三十余万大军，御史大夫韩安国担任护军将军，护卫着四位将军准备伏击单于。单于进入汉朝边塞之后，离马邑城尚有一百余里的时候，发现牲畜遍野却无放牧之人，感到非常奇怪。就打下了汉朝的一个侦察哨所，抓住了正在巡察雁门郡的尉史。单于捉到了尉史，尉史便向单于报告了汉朝军队埋伏的地点。单于大惊，急忙率兵而回。汉朝军队曾约定，单于进入马邑城后，再命令兵士攻杀。如今单于未到马邑，所以汉朝军队一无所获。汉朝将军王恢的军队出代郡攻击匈奴的辎重，听说单于大军已回，兵卒多，因而不敢出击。王恢本是这次伏击战的策划者，却不敢进攻，因而被汉武帝杀掉。从此以后，匈奴断绝和亲关系，攻击直通要道的边塞，常常侵入汉朝边境抢掠，汉朝与匈奴的关系又紧张起来。

由于间谍是一件绝对机密的事情，有时其中的一些细节即使做间谍的人也不可让他们知道，宋代种世衡使王嵩反间计除西夏的野利王、天都王就是著名的例子，这件事在我国古代兵书《间书》和《兵霝》中均有记载，现将《间书》中的记载引述如下：

《宋史》云：元昊有心腹将，号野利王、天都王者，各统精兵，最为毒害，种世衡欲去之。野利尝令浪埋、赏乞、媚娘三人诣世衡乞降，世衡知其诈，曰：『与其杀之，不若因以为间。』留使监税，出入骑从，甚宠。有紫山寺僧法崧，世衡察其坚朴可用，延致门下，诱令冠带。因出师以获贼功白于师府，表授三班阶职充指挥使，又为力办其家事，凡居室、骑从之具，无所不备。崧酗酒、狎博，无所不为，世衡待之愈厚。崧既感恩，一日，世衡忽怒谓崧曰：『我待汝如子，而阴与贼连，何负相也？』械系数十日，极其楚毒，崧终不怨，曰：『崧，丈夫也。公听奸人言，欲见杀，有死耳。』

居半年，世衡察其不负，为解缚沐浴，延入卧内，厚抚谢之。曰：『汝无过，聊相试耳。欲使为间，其苦有甚于此者，汝能为我卒不言否？』崧泣允之。世衡乃草遗野利书，膏蜡致纳衣间，密缝之。仍嘱之曰：『此非濒死不得泄，若泄时，当言「负恩不能成将军之事也」。』又以画龟一幅，枣一䯤遗野利。

野利见枣、龟，度必有书，索之，崧目左右又对无有，野利乃封信上元昊。元昊召崧并野利至数百里外，诘问遗书。崧坚执无书，至棰楚极苦，终不说。又数日，私召至其宫，乃令人问之曰：『不速言，死矣。』崧终不说。乃命曳出斩之。崧乃大号而言曰：『空死，不了将军事矣。吾负将军！吾负将军！』其人急追问之，崧于是褫纳衣取书，进入，移刻，命崧就馆，而阴遣爱将假为野利使，使世衡。世衡疑是元昊使，未即相见，只令官属日即舍劳问，问及兴州左右，则详；至野利所部，则不悉。适擒生虏数人，世衡令于隙中密觇之，生虏因言使者姓名，果元昊使。乃引见使者，厚遗之。世衡度使返，崧即还，而野利报死矣。

世衡既杀野利，又欲并去天都。因设祭境上，书祭文于版，述二将相结有意，本朝悼其垂成而失，其祭文杂纸币中。有虏至，急弃之以归。版字不可遽灭，虏得之以献元昊，天都亦得罪。及定和议，崧复姓为王嵩。后官至诸司使。

凡军之所欲击，城之所欲攻，人之所欲杀，必先知其守将、左右、谒者、门者、舍人之姓名，令吾间必索知之。

注释

守将、左右、谒者、门者、舍人：杜佑曰：『守，谓官守職任者；谒，告也，主告事者也；门者，守门者也；舍人，守舍之人也。』张预曰：『守将，守官任职之将也；谒者，典宾客之官也；门者，阍吏也；舍人，守舍之人也。』守将：负责守卫的将领。《新唐书·韩游瓌传》：『潼关有李朝臣，渭北有窦觎，皆守将也。』左右：近臣，侍从。《左传·宣公二十年》：『（楚子）左右曰：「不可许也，得国无赦。」』《北史·尧君素传》：『炀帝为晋王时，君素为左右。』谒者：

官名。始置于春秋、战国时，秦汉因之。掌宾赞受事，即为天子传达。又用以泛指传达、通报的奴仆。谒，禀告、陈说。《礼记·月令》：「（孟春之月）先立春三日，太史谒之天子曰：『某日立春。』」郑玄注：「谒，告也。」《史记·苏秦列传》：「臣闻明王务闻其过，不欲闻其善，臣谓谒王之过。」门者：指监门吏。《史记·张耳陈余列传》：「张耳、陈余乃变名姓，俱之陈，为里监门以自食……秦诏书购求两人，两人亦反用门者以令里中。」司马贞索隐：「案门者即余耳也。自以其名而号令里中，诈更别求也。」《周书·郭彦传》：「门者开门待之，彦引兵而入，遂有其城。」舍人：官名，本宫内人之意，后世以为亲近左右之官。《周礼·地官·舍人》：「舍人掌平宫中之政，分其财守，以法掌其出入者也。」也指王公贵人私门之官、门客幕僚。《战国策·楚策四》：「李园求事春申君为舍人。」《史记·廉颇蔺相如列传》：「蔺相如者，赵人也。为赵宦者令缪贤舍人。」

索：寻求，探索，这里指设法取得。《楚辞·九辩》：「国有骥而不知乘兮，焉皇皇而更索？」《史记·平原君虞卿列传》：「士不外索，取于食客门下足矣。」

译文 凡是我军要攻击的敌方军队，要夺取的敌方城市，要斩杀的敌方人员，就必须先了解其负责守卫的将领、身边的亲信侍从、负责传达通报的人员、守门的官吏以及府中门客幕僚的姓名，要命令我方的间谍一定想方设法将这些情报得到。

评点 孙子一贯主张在军事行动中要「知己知彼」，在战争决策确定之后，详细了解敌人的情况以有针对性地采取措施就显得尤为重要。所以，必须用间谍把这些情报设法得到。只有「知己知彼」，才能做到「百战不殆」。

《史记·信陵君列传》中记载：「公子与魏王博，而北境传举烽，言『赵寇至，且入界』。魏王释博，欲召大臣谋。公子止王曰：『赵王田猎耳，非为寇也。』复博如故。王恐，心不在博。居顷，复从北方来传言曰：『赵王猎耳，非为寇也。』魏王大惊，曰：『公子何以知之？』公子曰：『臣之客有能深得赵王阴事者，赵王所为，客辄以报臣，臣以此知之。』」意思是说，一天信陵君正在和魏王下棋的时候，北方边境传来了告急的消息。说赵国正出兵来犯，即将进入魏国的国境。魏王一听非常紧张，放下了棋子，打算召集大臣们来商议对策。信陵君却镇定自若地劝阻魏王说：「这是赵王在打猎，不是来侵犯我国。」于是，二人又照旧下起棋来。魏王心里还是有些害怕，心思因此也不在下棋上。过了一会儿，北方又传来报告说：「赵国那边是赵王在打猎，不是来侵犯我国。」魏王听了之后，大吃一惊，忙问信陵君：「公子是怎么知道的赵国的打算的？」信陵君说：「我的门客中有能探得赵王秘密事情的人，赵王的所作所为，门客都要回来报告我，因此我对他的行动了如指掌。」《间书》对此事评价说：「用兵贵知己知彼。而欲知彼，则必用间乃能知。且知，贵知之于事先。敌将至，得为备；敌非至，得毋恐。《孙子·用间篇》云：『贤将胜人成功，先知也。』信陵用客为间，能先知赵猎非寇，倘赵寇非猎，信陵亦必先知也。」可见，恰当地使用间谍，对于己方合理地决策，是多么的重要。

《史记·淮阴侯列传》中，记载了韩信破赵一战中根据间谍窥测的敌情而成功决策的故事：「信与张耳以兵数万，欲东下井陉击赵。赵王、成安君陈余闻汉且袭之也，聚兵井陉口，号称二十万。广武君李左车说成安君曰：『闻汉将韩信涉西河，虏魏王，禽夏说，新喋血阏与，今乃辅以张耳，议欲下赵，此乘胜而去国远斗，其锋不可当。臣闻千里馈粮，士有饥色，樵苏后爨，师不宿饱。今井陉之道，车不得方轨，骑不得成列，行数百里，其势粮食必在其后。愿足下假臣奇兵三万人，从间道绝其辎重；足下深沟高垒，坚营勿与战。彼前不得斗，退不得还，吾奇兵绝其后，使野无所掠，不至十日，而两将之头可致于戏下。愿君留意臣之计。否，必为二子所禽矣。』成安君，儒者也，常称义兵不用诈谋奇计，曰：『吾闻兵法十则围之，倍则战。今韩信兵号数万，其实不过数千。能千里而袭我，亦已罢极。今如此避而不击，后有大者，何以加之！则诸侯谓吾怯，

而轻来伐我。」不听广武君策，广武君策不用。韩信使人间视，知其不用，还报，则大喜，乃敢引兵遂下。……大破虏赵军，斩成安君泜水上，禽赵王歇。」韩信大败赵军，固然有因其「背水一战」的战术用运得当的原因，但他根据间谍所提供的情况及时出击，也不能不说是一个重要的关键因素。

必索敌人之间来间我者，因而利之，导而舍之，故反间可得而用也；因是而知之，故乡间、内间可得而使也；因是而知之，故死间为诳事，可使告敌；因是而知之，故生间可使如期。五间之事，主必知之，知之必在于反间，故反间不可不厚也。

注释

必索敌人之间来间我者：《通典》卷一五一、《御览》卷二九二所引作「敌间之来间我者」，没有「必索」二字，武经本作「必索敌间之来间我者」。索：搜索，搜查。《礼记·月令》：「（仲夏之月）关市毋索。」陈澔集说：「索者，搜索商旅匿税之物。」《史记·范雎蔡泽列传》：「乡者疑车中有人，忘索之。」司马贞索隐：「索犹搜也。」

因而利之，导而舍之：《通典》卷一五一所引「因而利之」作「因以利」。因而利之：即遗以重利以收买。导而舍之：一说诱导归顺之后留下来为我所用。曹操曰：「舍，居止也。」张预曰：「言舍之者，谓稽留其使也。淹延既久，论事必多，我因得察敌之情。」一说诱导归降后放回去以作为我方派出的间谍。赵本学曰：「厚利以诱其心，导之以伪言伪事，而纵遣之。彼归告其主，则犹为我之间也。」两说相较，以后说为善。因是而知之，故乡间、内间可得而使也：《通典》卷一五一所引「乡间」作「因间」。关于如何得乡间、内间而使之，杜牧曰：「若敌间以利导之，尚可使为我反间，因此乃知，厚利亦可使乡间、内间也。此言使间非利不可。故上文云：「相守数年，争一日之胜，而爱爵禄百金，不知敌情者，不仁之至也。」下文皆同其义也。」后世注家多不同意此说。陈皞曰：「此说踈也。言敌使间来，以利啖之，诱令止舍，因得敌之情，因间、内间可使反间诱而使之。」梅尧臣曰：「其国人之可使者，其官人之可用者，皆因反间而知之。」张预曰：「因是反间，知彼乡人之贪利者，官人之有隙者，诱而使之。」「因是而知之」，并非通过以上这件事做类推而知他事可为，而是通过归顺的反间可以知道更多的情况，这就是杜说的疏失之处。

故死间为诳事，可使告敌：《通典》卷一五一、《御览》卷二九二所引下还有「因是可得而攻也」七字。张预曰：「因是反间，知彼可诳之事，使死间往告之。」因是而知之，故生间可使如期：张预曰：「因是反间知彼之情，故生间可往复如期也。」主必知之：汉简本无「主」字。知之必在于反间，故反间不可不厚也：《通典》卷一五一所引无「知之必在于反间」一句。杜牧曰：「乡间、内间、死间、生间四间者，皆因反间知敌情而能用之。故反间最切，不可不厚也。」张预曰：「人主当用五间以知敌情，然五间皆因反间而用，则是反间者，岂可不厚待之耶？」

译文 一定要搜查出敌方派来我方侦察情报的间谍，查出后用重金收买他，通过诱导使他归顺，然后把他放回去，这样，反间就可以为我所用了。通过反间了解情报，就可以得到乡间和内间使用了。通过反间了解情报，死间就可以传播假情报给敌人了。通过反间了解情报，就可以使生间按预定的时间安全返回了。关于五种间谍的使用情况，国君必须掌握。掌握情况的关键，就在于反间的使用，所以对反间的待遇不可不优厚。

评点 孙子这里所说的「反间」，也是古代运用的较多的一种间谍策略，三十六计中专门有一计，即为「反间计」。所谓「反间」，就是「疑中之疑，比之自内，不自失也。」意思是说，在敌方疑阵中布我方疑阵，即反用敌方安插在我方的

间谍传递假情报，使敌方内部产生混乱。这种方法的辅助是来自敌人内部，不会给我方带来什么损害就能达到我们的目的。

古人对此计的按语说：『间者，使敌自相疑忌也；反间者，因敌之间而间之也。如燕昭王薨，惠王自为太子时，不快于乐毅。田单乃纵反间曰：『乐毅与燕王有隙，畏诛，欲连兵王齐，齐人未附。故且缓攻即墨，以待其事。齐人唯恐他将来，即墨残矣。惠王闻之，即使骑劫代将，毅遂奔赵。又如周瑜利用曹操间谍，以间其将，陈平以金纵反间于楚军，间范增，楚王疑而去之。亦疑中之疑之局也。』古代利用反间成功的例子举不胜举，除了按语中所举的几个例子之外，前文中所提到的秦国之于赵奢、韦孝宽之于斛律光、陈平之于范增、种世衡之于野利王等等，都是利用反间成功的例子。下面再略举几例，以做补充。

秦将之于李良。

赵王使李良略太原，至石邑，秦将诈称二世使人遗李良书，不封，曰：『良尝事我得显幸，良诚能反赵为秦，赦良罪，贵良。』良得书，还邯郸，请益兵，道逢赵王姊，以为王，伏谒。王姊醉，使骑谢良，良素贵，起惭。已得秦书，固欲反，因怒追杀王姊，袭邯郸。（《史记·张耳传》）

韦皋之于云南王。

吐蕃发兵十万将寇西川，亦发云南兵，云南虽内附唐，外为敢叛吐蕃，亦发兵数万屯于泸北。韦皋如云南计方犹豫，乃为书遗云南王，叙其叛吐蕃归化之诚，贮以报函，使东蛮转致吐蕃。吐蕃始疑云南，遣兵两万屯会川，以塞云南趣蜀之路。云南怒，引兵回国。由是云南与吐蕃大相猜阻，归唐之志益坚。吐蕃失云南之助，势始弱矣。（《资治通鉴·唐纪》）

高仁厚之于阡能谍。

邛州牙将阡能叛，侵扰蜀境，都招讨高仁厚帅兵讨之。未发前一日，有鬻面者到营中，逻者疑发执而讯之，果阡能之谍也。仁厚命释缚，问之。对曰：『某村民，阡能囚某父母妻子于狱，云：「汝诇事归，得实则免汝家，不然尽死。」某非愿尔也。』仁厚曰：『诚如是，我何忍杀汝，今纵汝归，救汝父母妻子，但语阡能云：「高尚书来日发，所将止五百人，无多兵也。」然我活汝一家，汝当为我潜语寨中人云：「仆射愍汝曹皆良人，为贼所制，情非得已，尚书欲拯救湔洗汝曹，尚书来，汝曹各投兵迎降。尚书当使人以『归顺』二字书汝背，遣汝还复旧业。所欲诛者，阡能、罗浑擎、句胡僧、罗夫子、韩求五人耳，必不使横及百姓也。」』谍曰：『此皆百姓心上事，尚书尽知而赦之，其谁不舞跃听命！』遂遣之。

明日，仁厚发兵。至双流，把截使白文现出迎。仁厚周视堑栅。怒曰：『阡能役夫，其众皆耕民耳。竭一府之兵，岁余不能擒，今观堑栅重复，牢密如此。宜其可以安眠饱食，养寇邀功也。』命引出斩之，监军力救，乃免。命悉平堑栅，五百兵守之，余兵尽以自随。又召诸寨兵，相继皆集。阡能闻仁厚将至，遣浑擎立五寨于双流之西，伏兵千人于野桥箐，仁厚诇知，遣人释戎服入贼中，告谕如昨所以语谍者，贼大喜，争弃甲降。仁厚因抚谕书其背，使归语寨中未降者，寨中余众争出。浑擎狼狈走，其众执以诣仁厚。仁厚命焚五寨及其甲兵，唯留旗帜。

明日，仁厚谓降者曰：『始欲即遣汝归，而前途诸寨百姓，未知吾心，借汝曹为我先行，过穿口，新津下，示以背字，告谕之，比之延贡可归矣。』乃取浑擎旗倒系之，每五十为一队，授以一旗，使扬旗疾呼曰：『罗浑擎已生擒，大军且至汝寨，速如我出降，利得为良人无事矣。』至穿口，句胡僧置十一寨，寨中人出降，胡僧大惊，拔剑遏之，从投瓦石击之，共擒以献仁厚，其众五千人皆降。

明旦，又焚寨，使降者又执旗先驱至新津。韩求置十三寨，皆迎降，求投深堑死。将士欲焚寨，仁厚止之曰：『降人皆未食，先运出资粮，然后焚之。』新降者竟炊爨与先降来告者共食之。笑语歌吹，终夜不绝。明日，仁厚使双流口降者先归，使新津降者，

执旗前驱，且曰：『入邛州境，亦可散归矣。』罗夫子置九寨于延贡，其众前夕望新津火光，已待降不眠矣。及新津人至，罗夫子脱身弃寨奔阡能。明日，罗夫子、阡能谋悉众决战，计未定，日向暮，延贡降者至。阡能走马巡寨，欲出兵，众皆不应。明旦，大军已近，呼噪而出，执阡能、罗夫子，泣拜马前。出军凡六日，五贼皆平。（《唐书》）

李允则之于契丹谍。

（允则）得（契丹）谍者，释缚厚遇之。谍言：『燕京大王遣来。』因出所刺缘边、金谷、兵马之数。允则曰：『若所得谬矣！』呼主吏按籍书实数与之，谍请加缄印。因厚赐以金，纵还。未几，谍遽至，还其所与数，缄印如故，反出彼中兵马、财谷、地理委曲以为报。（《宋史·李允则传》）

岳飞之于金谍。

飞知刘豫结粘罕，而兀朮恶刘豫，可以间而动。会军中得兀朮谍者，飞阳责之曰：『汝非吾军中人张斌耶？吾向遣汝至齐，约诱致四太子，汝往不复来。吾既遣人问齐，已许我今冬以会合寇江为名，致四太子于清河。汝所持书竟不至，何背我耶？』谍冀缓死，即诡服。乃作蜡书，言与刘豫同谋诛兀朮事。因谓谍曰：『吾今贷汝，复遣至齐，问举兵期。』封股纳书，戒勿泄。谍归以书示兀朮，兀朮大惊，驰白其主。遂废豫。（《宋史·岳飞传》）

明王守仁之于李士实及优人。

宸濠反，王守仁兵未集，而忧宸濠之兵速出。日为檄，檄诸郡邑使备饷。又为蜡书遣李士实、刘养正云：『得密示，具悉为国至意。第怂恿使早出，足一离省，大事济矣。』而故系宸濠之谍，示将斩，而令黠狡监者伪若与宸濠款，泄而纵之。宸濠得书，彷徨未决，而与士实、养正谋，则皆劝之急趋南京，即大位，宸濠益内疑。十余日，探知中外兵不至，乃悟守仁

给之。（《三大功臣传》）

王阳明过丰城，闻逆豪之变，兵力未具，亟欲溯流赴吉安。舟人闻濠发千余人来劫公，畏不敢发。公拔剑馘其耳，遂行。薄暮，度不可前，潜觅渔舟，以微服行。留麾下一人，服已冠，居舟中。濠兵果犯舟，得伪者，知公去远，乃罢。公至中途，恐濠速出，乃为间谍，假奉朝廷密旨，行令两广、湖襄都御史及两京兵部各命将出师，暗伏要害地方，以俟宸濠兵至袭杀。复取优人数辈，各将公文置袷衣絮中。将发间，又捕捉伪太师家属至舟尾，令其觇之，公即佯怒，牵之上岸处斩，已而故纵之，令其奔报。濠获优，果于囊中搜得公文，遂迟疑不发。（《智囊补》）

昔殷之兴也，伊挚在夏；周之兴也，吕牙在殷。故惟明君贤将，能以上智为间者，必成大功。此兵之要，三军之所恃而动也。

注释 昔殷之兴也，伊挚在夏：《御览》卷二九二所引无『昔』字，《通典》卷一五一所引作『昔伊吕之在夏殷，为殷周反间，岂不重之哉』。昔：从前。过去。《书·尧典》：『昔在帝尧，聪明文思，光宅天下。』殷：朝代名，即商朝。商王盘庚从奄（今山东曲阜）迁都殷，后世因称商为殷。至纣亡国，共历八世，十二王，二百七十三年。整个商代亦称为商殷或殷商。兴：兴起。《易·同人》：『伏戎于莽，升其高陵，三岁不兴。』孔颖达疏：『纵令更经三岁，亦不能兴起也。』韩愈《与孟尚书书》：『及秦灭汉兴且百年，尚未知修明先王之道。』伊挚：即伊尹，商初名臣，名挚。因官封为尹，故称伊尹，又称阿衡或保衡。原为有莘氏女陪嫁于汤的媵臣，因精通治国之道，汤授以国政，在助汤灭夏中所建功勋卓著。汤死后，辅佐外丙、仲壬、太甲。卒后商王沃丁葬以天子之礼，与汤并祀。传有《伊训》、《咸有一德》等，已佚。1973年长沙马王

堆三号汉墓出土的帛书中有《伊尹》零篇六十四行。相传伊尹曾经「去汤适夏」。《孟子·告子下》：「五就汤、五就桀者，伊尹也。」赵岐注曰：「伊尹为汤见贡于桀，桀不用而归汤，汤复贡之，如此者五。」《史记·殷本纪》：「汤举任伊尹以国政。伊尹去汤适夏。即丑有夏，复归于亳。」《书序》作：「伊尹去亳适夏，即丑有夏，复归于亳。」孙星衍《尚书今古文注疏》卷三十谓：「案《射义》，古者诸侯有贡士于天子之制，盖伊尹为汤贡士而适夏也。郑注《大传》云：『是时伊尹仕桀。』」《吕氏春秋·慎大览》：「桀为无道……汤乃惕惧，忧天下之不宁，欲令伊尹往视旷夏，恐其不信，汤由亲自射伊尹。伊尹奔夏三年，反报于亳，……汤谓伊尹曰：『若告我旷夏尽如诗。』汤与伊尹盟，以示必灭夏。伊尹又往视旷夏，听于末嬉。……」伊尹「五就汤、五就桀」，从而了解了夏朝的许多情报，助汤灭夏。夏：我国历史上第一个朝代。相传为禹子启所创立的奴隶制国家，建都安邑（今山西省夏县北）。传至最后一个帝王桀时，被商汤所灭。

周之兴也，吕牙在殷：周：朝代名，姬姓。公元前十一世纪武王灭商建周。都城镐京（今陕西西安），史称西周。公元前771年，犬戎攻破镐京，周幽王被杀。次年周平王东迁洛邑（今河南洛阳），史称东周。吕牙：即姜子牙，又称吕尚、太公望。据《史记·齐太公世家》记载：「太公望吕尚者，东海上人。其先祖尝为四岳，佐禹平水土甚有功。虞夏之际封于吕，或封于申，姓姜氏。夏商之时，申、吕或封枝庶子孙，或为庶人，尚其后苗裔也。本姓姜氏，从其封姓，故曰吕尚。吕尚盖尝穷困，年老矣，以渔钓奸周西伯。西伯将出猎，卜之，曰『所获非龙非影，非虎非罴，所获霸王之辅』。于是周西伯猎，果遇太公于渭之阳，与语大说，曰：『自吾先君太公曰：当有圣人适周，周以兴。子真是邪？吾太公望子久矣。』故号之曰『太公望』，载与俱归，立为师。或曰，太公博闻，尝事纣。纣无道，去之。游说诸侯，无所遇，而卒西归周西伯。或曰，吕尚处士，隐海滨。周西伯拘羑里，散宜生、闳夭素知而招吕尚。吕尚亦曰：『吾闻西伯贤，又善养老，盍往焉。』三人者为西伯求美女奇物，献之于纣，以赎西伯。西伯得以出，反国。言吕尚所以事周虽异，然要之为文武师。周西伯昌之脱羑里归，与吕尚阴谋修德以倾商政，其事多兵权与奇计，故后世之言兵及周之阴权皆宗太公为本谋。」因吕尚「博闻，尝事纣」，所以了解了商朝很多情报，熟悉商朝内部的情况，因此最后帮助武王灭商。

故惟明君贤将，能以上智为间者，必成大功：汉简本、《通典》卷一五一、《御览》卷二九二所引「明君」均作「明主」，武经本无「惟」字。上智：指上等指挥和具有大智慧的人。《韩非子·有度》：「上智捷举中事，必以先王之法为比。」《后汉书·王畅传》：「以明府上智之才，日月之曜，敷仁惠之政，则海内改观。」

此兵之要，三军之所恃而动也：武经本、《通典》卷一五一、《御览》卷二九二所引「军」下无「之」字。杜牧曰：「不知敌情，军不可动；知敌之情，非间不可。故曰三军所恃而动。」李筌曰：「孙子论兵，始于计而终于间者，盖不以攻为主，为将者可不慎之哉？」

译文 从前，殷商的兴起，在于有在夏朝的伊挚；周朝的兴起，由于有了解商朝情况的吕牙。因此，英明的国君和贤能的将帅，如果能利用智慧高超的人作为间谍，就一定能成就大功。这是用兵的关键，三军发动军事行动所遵循的依据。

评点 李筌曰：「孙子论兵，始于计而终于间者，盖不以攻为主，为将者可不慎之哉！」用计谋争取「全胜」，一直是孙子所极力主张的，末篇《用间篇》与首篇《计篇》相呼应，从而使孙子的「知己知彼」的思想一贯到底。在孙子看来，「用间」是有智谋和仁义的人才能运用得游刃有余的方法，这也使《孙子兵法》始终如一地贯彻了以「谋」取胜，「攻城为下」的思想。

在《李卫公兵法》、《间书》等兵书中，都把子贡「一出，存鲁，乱齐，破吴，强晋而罢楚」一事作为「用间」的成功事例。《李卫公兵法》中说：「子贡、使廖、陈轸、苏秦、张仪、范睢等，皆凭此术成功。」《间书》中也说：「圣门高弟如子贡，尝

用间以成功矣。』子贡的成功，可以说是谋略的成功，此事在《国语》、《越绝书》、《吴越春秋》、《史记》、《孔子家语》等书中皆有记载，现将《史记·仲尼弟子列传》中的记载引述如下，作为孙子『用间』思想乃至整个思想体系的一个旁证。

田常欲作乱于齐，惮高、国、鲍、晏，故移其兵欲以伐鲁。孔子闻之，谓门弟子曰：『夫鲁，坟墓所处，父母之国，国危如此，二三子何为莫出？』子路请出，孔子止之。子张、子石请行，孔子弗许。子贡请行，孔子许之。

遂行，至齐，说田常曰：『君之伐鲁过矣。夫鲁，难伐之国，其城薄以卑，其地狭以泄，其君愚而不仁，大臣伪而无用，其士民又恶甲兵之事，此不可与战。君不如伐吴。夫吴，城高以厚，地广以深，甲坚以新，士选以饱，重器精兵尽在其中，又使明大夫守之，此易伐也。』田常忿然作色曰：『子之所难，人之所易；子之所易，人之所难：而以教常，何也？』子贡曰：『臣闻之，忧在内者攻强，忧在外者攻弱。今君忧在内。吾闻君三封而三不成者，大臣有不听者也。今君破鲁以广齐，战胜以骄主，破国以尊臣，而君之功不与焉，则交日疏于主。是君上骄主心，下恣群臣，求以成大事，难矣。夫上骄则恣，臣骄则争，是君上与主有却，下与大臣交争也。如此，则君之立于齐危矣。故曰不如伐吴。伐吴不胜，民人外死，大臣内空，是君上无强臣之敌，下无民人之过，孤主制齐者唯君也。』田常曰：『善。虽然，吾兵业已加鲁矣，去而之吴，大臣疑我，奈何？』子贡曰：『君按兵无伐，臣请往使吴王，令之救鲁而伐齐，君因以兵迎之。』田常许之，使子贡南见吴王。

说曰：『臣闻之，王者不绝世，霸者无强敌，千钧之重加铢两而移。今以万乘之齐而私千乘之鲁，与吴争强，窃为王危之。且夫救鲁，显名也；伐齐，大利也。以抚泗上诸侯，诛暴齐以服强晋，利莫大焉。名存亡鲁，实困强齐。智者不疑也。』吴王曰：『善。虽然，吾尝与越战，栖之会稽。越王苦身养士，有报我心。子待我伐越而听子。』子贡曰：『越之劲不过鲁，吴之强不过齐，王置齐而伐越，则齐已平鲁矣。且王方以存亡继绝为名，夫伐小越而畏强齐，非勇也。夫勇者不避难，仁者不穷约，智者不失时，王者不绝世，以立其义。今存越示诸侯以仁，救鲁伐齐，威加晋国，诸侯必相率而朝吴，霸业成矣。且王必恶越，臣请东见越王，令出兵以从，此实空越，名从诸侯以伐也。』吴王大说，乃使子贡之越。

越王除道郊迎，身御至舍而问曰：『此蛮夷之国，大夫何以俨然辱而临之？』子贡曰：『今者吾说吴王以救鲁伐齐，其志欲之而畏越，曰「待我伐越乃可」。如此，破越必矣。且夫无报人之志而令人疑之，拙也；有报人之志，使人知之，殆也；事未发而先闻，危也。三者举事之大患。』句践顿首再拜曰：『孤尝不料力，乃与吴战，困于会稽，痛入于骨髓，日夜焦唇干舌，徒欲与吴王接踵而死，孤之愿也。』遂问子贡。子贡曰：『吴王为人猛暴，群臣不堪；国家敝以数战，士卒弗忍；百姓怨上，大臣内变；子胥以谏死，太宰嚭用事，顺君之过以安其私：是残国之治也。今王诚发士卒佐之徼其志，重宝以说其心，卑辞以尊其礼，其伐齐必也。彼战不胜，王之福矣。战胜，必以兵临晋，臣请北见晋君，令共攻之，弱吴必矣。其锐兵尽于齐，重甲困于晋，而王制其敝，此灭吴必矣。』越王大说，许诺。送子贡金百镒，剑一，良矛二。子贡不受，遂行。

报吴王曰：『臣敬以大王之言告越王，越王大恐，曰：「孤不幸，少失先人，内不自量，抵罪于吴，军败身辱，栖于会稽，国为虚莽，赖大王之赐，使得奉俎豆而修祭祀，死不敢忘，何谋之敢虑！」』后五日，越使大夫种顿首言于吴王曰：『东海役臣孤句践使者臣种，敢修下吏问于左右。今窃闻大王将兴大义，诛强救弱，困暴齐而抚周室，请悉起境内士卒三千人，孤请自被坚执锐，以先受矢石。因越贱臣种奉先人藏器，甲二十领，鈇屈卢之矛，步光之剑，以贺军吏。』吴王大说，以告子贡曰：『越王欲身从寡人伐齐，可乎？』子贡曰：『不可。夫空人之国，悉人之众，又从其君，不义。君受其币，许其师，而辞其君。』吴王许诺，乃谢越王。于是吴王乃遂发九郡兵伐齐。

子贡因去之晋，谓晋君曰：『臣闻之，虑不先定不可以应卒，兵不先辨不可以胜敌。今夫齐与吴将战，彼战而不胜，越

乱之必矣；与齐战而胜，必以其兵临晋。』晋君大恐，曰：『为之奈何？』子贡曰：『修兵休卒以待之。』晋君许诺。

子贡去而之鲁。吴王果与齐人战于艾陵，大破齐师，获七将军之兵而不归，果以兵临晋，与晋人相遇黄池之上。吴晋争强。晋人击之，大败吴师。越王闻之，涉江袭吴，去城七里而军。吴王闻之，去晋而归，与越战于五湖。三战不胜，城门不守，越遂围王宫，杀夫差而戮其相。破吴三年，东向而霸。

故子贡一出，存鲁，乱齐，破吴，强晋而霸越。子贡一使，使势相破，十年之中，五国各有变。

《间书》中说：『子贡之间，即《孙子》「五间」之「生间」也。其间齐、吴、越、晋，即《李卫公兵法》「间邻」之法也，而其策特妙，其辩尤精。』子贡用间，使『十年之中，五国各有变』，既使自己的父母之邦得到了保全，又使诸侯国之间的局势大为改变，这的确不是十万百万的甲士所能轻易做到的。

附录一 孙子其人其书

第一节 兵家思想与中国文化

东汉末年，曹操感概诸侯混战给社会生活造成的破坏，曾经赋诗道：『白骨露于野，千里无鸡鸣』，生动描绘了兵荒马乱后民生凋敝的场面。毛泽东在《贺新郎·读史》词中也有『人世难逢开口笑，上疆场彼此弯弓月，流遍了，郊原血……』的句子，对战争给中华民族带来的灾难性后果做出了精辟的概括。这些诗句的背后，反映的是在中国漫长的社会发展过程中，长期的战乱给炎黄子孙生活和心理上烙下的深深的印记。在两千多年的历史中，中国这个古老的民族有三分之一的时间遭受着血与火的灾难。战争给中华民族留下了痛苦的记忆，然而，也正是由于频繁战争的需要，中国从很早起就产生出了成熟的兵家思想。在中华文化的思想宝库中，经、史、子、集等各类典籍都载有谋兵之道、用兵之法，以及各种各样纷纭复杂的战史与战例，小说、野史也有大量的是以战争为题材的。当然，最能反映中国兵家思想的，还是各个历史时期的兵家著述。

一、中国兵家著述知多少

中国历史上的兵书战策浩如烟海，蔚为大观，虽然其中的多数已经湮没散失，但保存下来的古代兵书仍有三四百种之多。其中，最著名的如《六韬》、《三略》、《孙子兵法》、《吴起兵法》、《孙膑兵法》、《司马法》、《尉缭子》、《唐李问对》、《将苑》、《登坛必究》、《虎钤经》、《兵经》、《投笔肤谈》、《乾坤大略》、《守城录》、《兵垒》、《太白阴经》、《百战奇略》、《练兵实记》、《草庐经略》等。今天，这些典籍都超越了其本身所固有的范围，不但仍为军事家们奉为宝典，而且成为了政治、经济、外交、哲学等领域内颇受瞩目的典籍，并且已经走出了国门，成为了人类共同的智慧和资源。成吉思汗说：『战争创造了世界』，

西方著名的思想家赫拉克利特也说：『战争是万物之父』，如果暂且不论战争给人类带来的灾难和损失，可以说，博大精深的中国兵家为我们留下了一笔宝贵的思想财富。因此，熟读中国历史的毛泽东青年时期在读《伦理学原理》一书时曾写下这样的批注：『吾人揽（览）史时，恒赞叹战国之时，刘、项相争之时，汉武与匈奴竞争之时，三国竞争之时，事态百变，人才辈出，令人喜读。』

中国古代的兵书不但卷帙浩繁，而且源远流长。《汉书·艺文志》中著录有《神农兵法》一篇、《黄帝》十六篇、《封胡》五篇、《风后》十三篇、《力牧》十五篇，可见在当时的人看来，上古时就已有对军事经验的总结。《唐太宗李卫公问对》中载有这样一段话：『臣按兵法，自黄帝以来，先正而后奇，先仁义而后权谲。』宋代高承所撰的《事物纪原》中更是引用前人的话明确地说：『兵法始于黄帝。』明代叶子奇的《草木子》中也称兵法起源于黄帝。虽然炎黄时期的军事著作由于当时文字记载的手段还不完备而没有流传下来，但在古人的心目中，从那时起，就已经有了行兵布阵之法。1972年在山东临沂出土的银雀山汉墓竹简中，有一篇《孙子兵法》的佚文，名为《黄帝伐赤帝》，记述了传说中黄帝征伐四方的军事经验，可见在春秋战国时期，关于上古时期的用兵经验就已经得到了总结和流传，但其中大部分都仅仅是传说而已。

真正有史可据的最早对兵法进行总结的人当属商末周初的姜太公。司马迁说：『（太公）其事多兵权与奇计，故后世之言兵及周之阴权，皆宗太公为本谋。』（《史记·齐太公世家》）将姜太公当作兵家的始祖。《汉书·艺文志》中录有《太公》237篇，现在已经失传，但其是否是姜太公所著或者反映了姜太公的思想，没有确切的证据可以证实。然而可以证实的是，现在依然传世的托名为姜太公所著的《六韬》，从其所反映的战争规模和技术器械来看，绝非姜太公的作品，可能仅仅是反映了他的某些思想。此外，在《战国策·秦一》中，记载苏秦曾『得太公《阴符》之谋』，《说苑·指武》中引用过《太公兵法》，《诗经·大雅·大明》孔颖达疏中引用过《太公受兵钤之法》，《隋书·经籍志》中录有《太公阴谋》、《太公阴符钤录》、《太公伏符阴阳谋》等书。

这些著作及其被引用的语言词组，虽然不一定在事实上都与姜太公有直接的联系，但也在一定程度上反映了他在兵家思想家心目中的地位。

总结军事经验的文字形式——兵书的出现，除了人们思维能力提高这个条件之外，还有赖于文字的发展和便捷的书写材料及书写方式的出现。人们学会了用竹简和木简作为文字的载体之后，兵书产生的主客观条件就都具备了。中国最早的兵书在春秋时期就已经产生。《左传》中提到一部专门总结军事技术和军事经验的著作：《军志》。《左传》中有三处引用了《军志》：《僖公二十八年》楚王引用《军志》曰：『允当则归』，『知难而退』，『有德不可敌』；《宣公二十年》孙叔曰：『进之！宁我薄人，无人薄我。《诗》云：「元戎十乘，以先启行」，先人也，军志曰：「先人有夺人之心」，薄之也』；《昭公二十一年》厨人濮曰：『《军志》有之：「先人有夺人之心，后人有待其衰。」』《孙子兵法》中则引用过一部名为《军政》的古兵书：『《军政》曰：「言不相闻，故为之金鼓；视不相见，故为之旌旗。」』（《孙子兵法·军争篇》）《军志》和《军政》都早已失传，但可以推断，真正意义上的兵法，在春秋的早期，就已经产生了。

随着战争的需要和军事技术的发展，我国古代兵书的内容不断丰富，种类也不断增多。想要详细地统计我国究竟曾经有过多少种兵书，现在已经是不可能的事情。但根据前人和今人所做过的具有一定局限性的统计数字，仍然可以窥见我国古代兵书的浩繁：《汉书·艺文志》著录兵家著作五十三家、七九〇篇、图四十三卷；《隋书·经籍志》著录一三三部、五一二卷；《旧唐书·经籍志》著录四十五部、二八九卷；《新唐书·艺文志》著录六十部、三一九卷；《通志·艺文略》著录三四七部、九四五卷；《宋史·艺文志》著录三四七部、一九五六卷；《明史·艺文志》著录五十八部、一一二二卷；《清史稿·艺文志》著录五十九部、一二三八卷，《补编》著录五十三部、三五九卷，合计一一二二部、五五九七卷。上述史书中所著录的兵书，都是根据当时的政府藏书，具有很大的局限性。

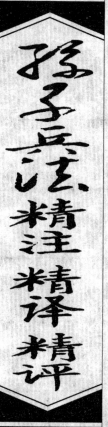

1993年印行的《历代兵书目录》著录兵书一三〇四部、六八三一卷（另有二〇三部不知卷数），存世二八八部、二一〇六卷，该书为个人所辑，肯定也不会是全部尽辑。新中国成立后，1988年由解放军出版社出版的《中国兵书知见录》共著录兵书三三八〇部、二三五〇三卷（另有九五九部不知卷数），其中存世兵书二三〇八部、一八五六七卷（七三一部不知卷数者未含内），存目兵书一〇七二部、四九三六卷（另有二二八部不知卷数）。《中国兵书知见录》是目前为止著录兵书最多的一部书，也仍然不能保证已尽录我国古代的兵书，但是，从中我们已基本能看出我国古代兵书的种类繁多、卷帙浩繁。

此外，我国存世的经、史、子、集等其它典籍中，也有大量论兵的内容，同样是我国古代兵学宝库中的一个重要组成部分。

二、我国古代兵书的思想内容

在中国的传统思想中，兵家的谋略智慧是与哲学、宗教、技艺等密不可分的，是中华民族思维方式的集中体现和反映，同时，兵家思想又是与哲学、宗教、文学、艺术等相并列的一种独立的文化样式。春秋战国时期，由于各诸侯国之间频繁而尖锐的军事斗争的需要，谋略智慧曾一度占据着显著的位置，并诞生了一批影响深远的军事专著。此后，这种文化样式在中华民族文化发展的历史中一直未曾间断过，直至近代，曾国藩、左宗棠、胡林翼、蔡锷等人的治兵、用兵的方略和论兵的言论著述，还在推动着中国军事谋略思想的向前发展。

作为军事著述，中国兵家的著作着眼点和立足点都在于军事斗争的需要，因此，兵家的思想与作为传统文化主干的儒家思想判然两途。儒家说：『正其谊不谋其利，明其道不计其功』（《汉书·董仲舒传》），把道德作为行动的基本指导，兵家则说：『兵者，国之大事，死生之地，存亡之道，不可不察也』（《孙子兵法·始计篇》），『合于得利而动，不合于利而止』（《孙子兵法·九地篇》），把获得利益作为活动的基本原则；儒家说：『礼之用，和为贵』（《论语·学而》），重视的是人与人之间的利益协调和和睦相处，

兵家则说：『兵者，诡道也』（《孙子兵法·始计篇》），把双方的对立和利益的争夺作为考虑问题的出发点和决策的依据。因此可见，兵家的谋略和儒家的道德是不同的，它以『争』和『夺』为考虑问题的依据和基本的精神态度，把利益的获得作为最终的目的。它所考虑的对象，无论是天、地、人，还是道，都是为了战胜对手，谋取利益，如果一味地讲求仁义道德，就会成为宋襄公一样的迂腐的妇人之仁，这是为兵家所耻笑和极力避免的。

但是，这并不是说兵家只以激烈的军事对抗为唯一的行为方式，当用和平的方式更利于达到目标，能够获得更大、更长远的利益时，他们也是反对兵戎相见的。战争与和平是一对相对的范畴，战争的目的并不是战争本身，归根结底还是为了最终的和平。在能够采用非军事手段战胜对手时，他们首先考虑的也是破坏性更小、代价更低的和平手段。在相传为姜太公所著的《六韬》中，提供了十二条『文伐』的斗争方式，都是主张用非军事手段来打击敌人，用和平手段来解决争端。《孙子兵法》中强调『全胜』，所谓『全胜』，其核心就是不战而屈人之兵，『上兵伐谋，其次伐交，其次伐兵，其下攻城』（《孙子兵法·谋攻篇》），两败俱伤的兵戎相见只是迫不得已的选择，而不是解决问题的最佳途径。孙膑也认为，战争的目的只是为了止息战争，如果不是为了正义的目的，结果必然是『穷兵者亡』，所以说：『夫乐兵者亡，而利胜者辱。并非所乐也，而胜非所利也』（《孙膑兵法·见威王》）。因此可见，在兵家的思想中，都是把除暴安良、保家卫国作为用兵的目的，而不单纯是为了炫耀武力，侵伐他国，即使对于『不义』之国不得已的占领，也要时刻不忘宽仁为本，即所谓『入罪人之地，无暴圣祇，无行田猎，无毁土功，无燔墙属，无伐林木，无取六畜、禾黍、器械，见其老幼，奉归勿伤。虽遇壮者，不校勿敌，敌若伤之，医药归之』，『杀人安人，杀之可也；攻其国，爱其民，攻之可也；以战止战，虽战可也』（《司马法·仁本第一》）。

因为兵家的着眼点在于与对手之间利益的争夺，所以十分重视谋略和智慧，把『庙算』作为战争取胜的关键。兵家强调，在

战争中必须保持清醒的头脑，而决不可意气用事，决不能凭一时的冲动去采取非理性的行动。「夫战胜攻取，而不修其功者凶……故曰明主虑之，良将修之。非利不动，非得不用，非危不战。主不可以怒而兴师，将不可以愠而致战。合于利而动，不合于利而止。怒可以复喜，愠可以复悦，亡国不可以复存，死者不可以复生。故明君慎之，良将警之，此安国全君之道也。」（《孙子兵法·火攻篇》）因此，兵家智慧的目的虽然在于利益的争夺，但也反对斤斤计较于一时一事的利害得失，强调不能为小利所蒙蔽，而是要保持一种冷静理性的态度，应当知道「途有所不由，军有所不击，城有所不攻，地有所不争」（《孙子兵法·九变篇》）。否则，小不忍则终会乱大谋，只有深谋远虑，才能取得最终的胜利。兵家的重「智」，突出地表现在重视事前的谋划上，《孙子兵法》中说：「知己知彼，百战不殆」（《谋攻篇》），军事行动之前不但要对自己的实力和优势了如指掌，而且还要掌握敌方的兵力和部署。尤其在敌我力量对比不利于己方时，「庙算」的作用显得尤为重要。「夫未战而庙算胜者，得算多也，未战庙算不胜者，得算少也。多算胜，少算不胜，而况于无算乎！」（《孙子兵法·始计篇》）交兵的胜负，除了依赖于实力的对比之外，更重要的还是心理战、谋略战。

因此可以说，兵家思想在中华传统「智」的文化，尤其是谋略文化的形成和发展中，具有不容替代的地位。兵家这一思想特点的形成，是与中国文化的大环境分不开的。兵家谋略中糅合了儒、墨、道、法、阴阳、名、纵横等诸子百家的思想。苏辙说，《老子》一书「几于用智也，与管仲孙武何异」时，正点出了兵家善于用智的特点与道家思想之间的联系。老子说：「善为士者，不武；善战者，不怒」，这在兵家的思想中也有所反映。「进有重赏，退有严刑，行之以信」（《吴起兵法·治兵》），「不维其人，不何（阿）外辰（臣），此将军之德也」（《孙膑兵法·将德》）等，则可以看出法家思想的影子。其它诸如《逸周书》中的「善政不攻，善攻不侵，善侵不伐，善伐不阵，善阵不战，善战不斗，善斗不败」，《战国策》中的「凡伐国之道，攻心为上，攻城为下；心胜为上，兵胜为下」，等等，都可以从兵家著作中找到类似的论述。

虽然兵家和作为中华民族传统思想主干的儒家思想的立足点和着眼点都不同，但二者的思想中也存在着千丝万缕的联系。首先，他们都主张维护天下的公利而反对个人的私利。儒家主张「君子义以为上」，即使讲到「利」，也应「不以一己之利为利，而使天下受其利」（黄宗羲：《原君》）。《六韬》中称「天下非一人之天下，乃天下人之天下也。同天下之利者，则得天下；擅天下之利者，则失天下」，在这里，兵家与儒家的思想可谓息息相通。其次，兵家和儒家都提倡要以民为本。《尚书》中说「民惟邦本，本固邦宁」（《尚书·五子之歌》），孟子则明确提出了「民贵君轻」的理论，说「民为贵，社稷次之，君为轻。是故得乎丘民而为天子」（《孟子·尽心下》），「天时不如地利，地利不如人和」（《孟子·公孙丑下》），这与孙子所说的「王者之道，厚爱其民者也」（《孙子佚文·吴问》），可谓有异曲同工之妙。再次，兵家和儒家都强调处理内部的人际关系时要讲究和谐。贵「和」是儒家重要的思想，为历代思想家所重视，兵家也认为，「上下同欲者胜」（《谋攻篇》），只有上下和谐，步调一致，才能取得战争的胜利，将领对待士卒要当作自己的孩子一样来爱护，才能激励他们赴汤蹈火，奋勇杀敌。另外，兵家和儒家都强调领导者要以身作则。孔子说：「政者，正也，子帅以正，孰敢不正」，「子欲善，而民善矣。君子之德风，小人之德草。草上之风，必偃」（《论语·颜渊》）。兵家的思想家们也都强调，作为将领，自己要严于律己，身先士卒，为士兵树立一个可资效仿的榜样，只有这样，士兵们才能舍生忘死，奋勇向前。

兵家思想是中国传统思想一个重要的组成部分，它产生于华夏大地这片热土，并对中国人的思想观念和思维方式产生了重要的影响，在现代社会中仍然闪耀着智慧的光芒。研究兵家思想，批判继承其中的合理因素，今天依然具有积极的价值和意义。而在历代兵家的著述中，被誉为兵书之祖的《孙子兵法》无疑占据着重要的地位，值得我们认真研究、系统分析、准确把握。

第二节 《孙子兵法》的版本源流

我国古代兵书数量众多，但传世的兵书中，成书最早、影响最大、内容最精辟的，当属《孙子兵法》，它不但在中国影响深远，而且在世界上享有盛誉。

一、《孙子兵法》的源流概述

司马迁《史记·孙子吴起列传》中说：『孙子武者，齐人也，以兵法见于吴王阖闾。阖闾曰：「子之十三篇，吾尽观之矣。」』据此记载，《孙子兵法》当成书于春秋末期，差不多与孔子生活的时代同时。《孙子兵法》成书之后，就已经广为世人所知，并在许多典籍中多有引述，其后又有多种版本和注解流行于世。

今天所能见到的最早的《孙子兵法》的注解本为曹操的《孙子注》。曹操生活于动荡不安的东汉末年，并在其子曹丕废汉建魏后尊奉为魏武帝。曹操一生出入于戎马之中，博览兵书，精通兵法，但在众多的兵书中，他认为《孙子兵法》是其中的佼佼者。正如他自己所称：『吾观兵书战策多矣，孙武所著深矣。』（《魏武帝注孙子·序》）并最终选择了为这本书做注。在他为《孙子兵法》所做的300多条注解中，曹操充分肯定了《孙子兵法》中的军事思想，并根据以往战争的特点和他自己的作战经验做了阐发、发挥和补充，成为现存《孙子兵法》注解中最早也是最有特色的一种。在日本人大古光瑞的《西域考古图谱》中，尚录有《六朝钞本旧注孙子片断》一书，不知何人所做，成书当在曹操注本之后。

南北朝之后，《孙子兵法》被尊为兵经，其后注本和刻本日多。北宋年间，由于频繁战争的需要，由政府出面，开始了对兵书的大规模整理。宋神宗元丰三年（1080年），为了适应军事教学和训练的需要，诏命国子监司业朱服以及何去非等人组织力量『校定《孙子》、《吴子》、《六韬》、《司马法》、《三略》、《尉缭子》、《李靖问对》等书，镂版行之』（《续资治通鉴长编》卷三百三）。校定历时三年多的时间，校订后的七部兵书共25卷，于元丰年间（1078－1085年）刊行，统称《武经七书》，颁行武学。《武经七书》最早著录在尤袤的《遂初堂书目》中，称为《七书》。目前，北宋刊本的《武经七书》已不可见，现存最早的刻本是南宋孝宗或光宗时的刻本，原为陆心源皕宋楼藏书，后被日本岩崎氏买去，今藏于日本静嘉堂。国内现存有《续古逸丛书》影宋本。《武经七书》校刊精审，以后的刻本多据此版本。

《遂初堂书目》中所录的《孙子兵法》注本有《十一家注孙子》和杜牧注《孙子》。《十一家注孙子》又称《孙子集注》、《孙子注解》、《校定注释孙子十三篇》、《孙子十家注》、《十家会注》，为北宋吉天保所辑。此书是汇集《孙子》注释的兵书，所收录的十一家是：魏曹操，梁孟氏，唐李筌、杜佑、杜牧、陈皞、贾林，宋梅尧臣、王皙、何延锡、张预。因有人认为杜佑其实并未注《孙子》，注文乃抄自其所著《通典》，是各种古注的间杂混同，所以不能算作一家，故此书又称《十家孙子会注》。宋刊本本书的卷数原为三卷，明正统十年内府刻《道藏》本按十三篇析为十三卷，此后的明嘉靖谈恺本，清孙星衍校勘本等均分为十三卷。《十一家注孙子》是《孙子》注释的集大成之作，它解说详尽，资料丰富，具有重要的军事学术价值和学术思想史料价值，受到后代学者的普遍重视。目前所见的《十一家注孙子》的版本主要有三种，即南宋宁宗时的刻本、明代《道藏》本和清代孙星衍据《道藏》本校订本，其它版本大都出自这三个系统。

宋代的《孙子》刻本除各种集注本之外，还有一些单行本。明代以后，有影响的《孙子兵法》注本主要有刘寅的《武经七书直解》、赵本学的《孙子书校解引类》以及上面提及的孙星衍的《孙子十家注》等。

二、《孙子兵法》在国外的传播

《孙子兵法》不仅是中国最早最优秀的古代兵书，而且从世界范围看，也是最早最系统的军事著作。美国当代战略理论家约

翰·柯林斯评价说：『孙子是古代第一个形成战略思想的伟大人物。他于公元前400－320年间写成了最早的名著《兵法》。孙子十三篇可与历代名著包括二千二百年后克劳塞维茨的著作媲美。』这一评价对于《孙子兵法》来说，可谓是恰如其分的。

《孙子兵法》走出国门，首先进入的是日本。公元8世纪，随着唐朝经济、政治、文化的发展，强盛的唐王朝成为东方文明的中心，日本、朝鲜等国家纷纷派遣唐使来中国学习中国先进的文化。最早将《孙子兵法》带到日本的是奈良时代一个名叫吉备真备的日本留学生。吉备真备出身于军事世家，对中国的兵学非常感兴趣，他到中国后，拜当时的兵学名家赵玄默为师，潜心学习18年，专门研究孙、吴兵法。公元734年，吉备真备将《孙子兵法》等书带回日本。《孙子兵法》传到日本之后，皇室非常重视，将其藏于密室，供皇室成员专门阅读。吉备真备也被任命为太宰府大贰，负责为皇室成员讲授《孙子兵法》等中国兵书。

日本从『平安时代』（794—1192）后期开始，《孙子兵法》逐渐走出深宫，先后传入大江、源氏、楠木、武田等兵家和武将家族手中。其中，16世纪的著名将领武田信玄对《孙子兵法》的研究和运用尤为突出，他曾经在一面旗子上绣上『风林火山』四个大字，取《孙子兵法·军争篇》中『其疾如风，其徐如林，侵掠如火，不动如山』之意，鼓励士兵奋勇向前。因为武田信玄能够灵活地将《孙子兵法》中的战略战术运用于作战指挥过程之中，他因而获得了『日本孙子』的美誉。

在很长一段时间里，由于《孙子兵法》都是用汉文原版，并且仅藏于皇宫和兵家武将家族之间，因此流传的范围极为有限。一直到德川幕府第四代将军德川家纲（公元1651—1680年）时期，才开始有《孙子兵法》的日译本出现，此后又下令专门出版《孙子兵法》用作军事教材，这样，《孙子兵法》的研究和普及才被向前推进了一大步。从此以后，《孙子兵法》的各种版本在日本多次印行，各种注释和研究的著作大量涌现，先后出现了大大小小几十家武学流派。到第二次世界大战前，日本出版了一百多种有关《孙子兵法》的专著，并且其中有五十余部又返传到我国。第二次世界大战以后，许多专家学者根据战后经济复兴的客观需要，又把《孙子兵法》的研究引向经济领域，出现了以大桥武夫等为代表的『兵法经营管理学派』，为《孙子兵法》的研究和应用开拓了新的领域。

大约与传入日本同时，《孙子兵法》也传到了朝鲜。关于《孙子兵法》传入朝鲜的时间，有人认为早于日本，有人认为晚于日本，这个问题尚待进一步的考证。但有史可据的是，在十五世纪李朝的义宗至世祖时期出版的《武经七书》注释中，就有《孙子兵法》。十六世纪以后，涌现出大量朝鲜文版本的《孙子兵法》译著、评著等著作。第二次世界大战之后，《孙子兵法》开始在东南亚的越南、缅甸、泰国、马来西亚等国家受到普遍重视，各国均有一定数量的研究著作问世。

《孙子兵法》的西传，最早是传播到了法国。公元1772年，法国神父约瑟夫·阿米欧在巴黎翻译出版了法文《中国军事艺术》丛书，包含有六部中国古兵书，《孙子十三篇》就是其中之一。这是西方人翻译的第一本《孙子兵法》，在西方产生了非常重要的影响。1860年，俄国科斯特罗马军团的中校斯列兹涅夫斯基根据法文版《孙子兵法》写出《中国将军孙子对其属下将领的教诲》一文，给予《孙子兵法》很高的评价。

英译本的《孙子兵法》虽然出现的比法译本晚，但相比之下它的影响最大。1905年，在日本学习语言的英国皇家野战炮兵上尉卡托普首次把《孙子兵法》译成英文，并以《孙子》为书名在东京出版。1910年，英国著名汉学家贾尔斯根据孙星衍所校《孙子十家注》翻译的英文本《孙子兵法：世界上最古老的军事著作》，由伦敦卢扎克公司出版。全书注释详尽，语言优美，流传至今，经久不衰。1949年，美国宾州军事出版社又将该译本修订出版，托马斯·菲利普斯准将为之作序。二战期间，又有三个英译本相继问世，但影响都不如贾尔斯的译本大。

在德国，1910年由布鲁诺·纳瓦拉翻译，书名为《战争之书：中国古代军事学家》（又译做《中国的武经》）在柏林出版，这是《孙子兵法》的第一个德文版，使中国的这一武学名著在克劳塞维茨思想一统天下的德国占据了一席之地。

《孙子兵法》第一部俄文全译本出现在第二次世界大战期间，1943年，二战中的苏联伏罗希洛夫总参军事学院的军事学术历史教研室把《孙子兵法》译成俄文。1950年，苏联科学院东方研究所出版了孔拉德院士的《孙子兵法的翻译与研究》一书。全书除了前言和译文以外，还有注解、注释，以及对原文文字的科学分析。更为可贵的是，作者还在书中对孙子学说的世界观基础、《孙子兵法》和《易经》的关系、《孙子兵法》出版的历史背景及作者和年代等问题，提出了自己的看法。与此同时，西多连科中校也以中国的《十家注孙子》为底本翻译了《孙子兵法》，并于1955年由苏联国防部军事出版社出版。

据有关学者统计，《孙子兵法》现在除有日、法、俄、英、德、意、西班牙等文字的版本外，还有阿拉伯、希腊、丹麦、蒙古、印度尼西亚、朝鲜、越南、泰国、马来西亚等二十七种语言的版本，其中不少语言还有不同译本，全世界已有数千种关于《孙子兵法》的刊印本，另外还有大量的研究专著问世。《孙子兵法》在全世界得到了广泛的流传，产生了深远的影响。

三、银雀山简本《孙子兵法》的意义

关于《孙子兵法》的作者及其成书年代，虽然司马迁《史记》中有所记载，但由于记述春秋之间史实的著作《左传》和《国语》中均未提及孙武，因此历史上对其表示怀疑的人大有人在，一直以来都是众说纷纭。概括起来说，主要有以下几种观点：

（一）《孙子兵法》为春秋末年的孙武所著。除司马迁的《史记》之外，东汉末年的曹操，明代的宋濂、胡应麟，清代的纪昀、孙星衍等，都持此观点。

（二）《孙子兵法》为孙武所传，孙膑所撰。明代的吴兴松筠馆主人在《孙子参同序》中提出这一观点说：『按《史记·列传》称武为膑之祖，膑之兵法传于后世云，则是书殆传于膑，而本与武者欤。』今人陈启天在《孙子兵法校释》中对这一论点做了进一步的阐发，认为『武之兵法授之于膑，膑即据之撰十三篇』。日本人武内义雄在《孙子十三篇之作者》中也认为『今之孙子一书，是孙膑所著。』

（三）《孙子兵法》为春秋末年伍子胥所著。清人牟庭在《校正孙子》中提出，孙武就是伍子胥，孙膑乃伍子胥之后，居阿、鄄之间，改姓孙。

（四）《孙子兵法》为战国时孙膑所著，孙武与孙膑实为一人。钱穆《先秦诸子系年考辨·孙武辨》中说：『其人与书，皆出后人伪托。……则《孙子十三篇》，洵非春秋时书。其人则自齐之孙膑。』金德建在《古籍丛考·孙子十三篇作于孙膑考》中，也认为《孙子兵法》的作者为孙膑。日本学者斋藤拙堂也持这种观点，认为：『（孙武与孙膑）同是一人，武其名，而膑是其绰号。』

（五）《孙子兵法》为战国时期的纵横家所著。欧阳修在梅尧臣《〈孙子注〉后序》中称，梅尧臣认为此书乃『战国相倾之说』。南宋叶适也持此观点。《习学记言》卷四十六《孙子》中说：『吴虽蛮夷，而孙武为大将，乃不为命卿，而左氏无传焉，可乎？故凡谓穰苴、孙武者，皆辩士妄相标指，非事实。』清人全祖望等赞同此说，说『故水心疑吴原未尝有此人，而其书其事皆纵横家之所伪为也』（《鲒埼亭集·孙武子论》）。

（六）《孙子兵法》作者为谁不得而知。南宋陈振孙的《直斋书录解题》中称：『孙武事吴阖闾，而不见于《左氏传》，未知其果何时人也。』清代姚际恒的《古今伪书考》也说：『然则孙武者，其有耶？其无耶？……其书自为耶？亦其后之徒为之耶？皆不可得而知也。』黄云眉《古今伪书考补正》则说：『孙武之有无其人虽未暇定，而十三篇之非孙武书则固无可疑者。』

1972年，山东临沂银雀山汉墓竹简《孙子兵法》与《孙膑兵法》的同时出土，虽然没有能够彻底解决《孙子兵法》一书的作者究竟为谁的问题，但已为我们提供了部分答案，至少《孙子兵法》系出孙膑之手的论断也不攻自破。

1972年，考古工作者在银雀山一号汉墓发掘出竹简及残简四九四二枚，其中多为兵书，包括已经失传一千七百多年的《孙膑兵法》

及《孙子兵法》《六韬》《尉缭子》《管子》《晏子》《墨子》等先秦古籍。简文中有关孙子和孙膑的记述，与《史记》中的记载基本一致。1975年，经过专家学者的整理，文物出版社出版了经过简牍的线装影印本。虽然《孙子兵法》一书是否出自孙武本人之手，以及成书年代究竟是春秋还是战国等问题，尚有待于进一步的考证，但历史上长期以来争论不休、悬而未决的有无孙武其人、孙武是否就是孙膑及《孙子兵法》是否为伪书等问题，随着《孙子兵法》与《孙膑兵法》同时出土，千年之疑一朝得解。

汉简本《孙子兵法》的出土不仅在一定程度上解决了《孙子》一书的作者问题，而且对于研究这一兵学名著的版本变迁也具有重要的意义。

根据墓中陪葬品的年代推算，银雀山汉墓当为公元前140—118年之间所建。而从简牍抄写的字体来看，这批竹简应写于秦到西汉的文景时期。也就是说，简本《孙子兵法》比现在传世的任何一个版本都要早得多，更接近于其成书时的原貌。与今本《孙子兵法》相比，汉简本具有以下特点：第一，没有书名大题；第二，有篇名，但篇名与传世本有差别；第三，篇题简牍上所存《孙子兵法》的部分篇名的排列次序与传世本有差别；第四，汉简《见吴王》篇说明孙子书为「十三扁（篇）」；第五，没有分卷，只是被析为字数大体相等的两卷。可见汉简本《孙子兵法》与今天的传世版本有着明显的差别，由此可以推定，今天我们所见到的《孙子兵法》篇章结构是在西汉时期兵书整理的过程中才最终形成。这一发现，对于我们今天研究《孙子兵法》的版本源流具有重要的参考价值。

第三节　孙子其人

一、孫子生活的時代及其世系

每一个思想家及其思想的产生，都离不开他所生活的时代背景。《孙子兵法》的诞生，与孙武所生活的政治局面动荡不安、诸侯之间战争频繁、诸子百家学术争鸣的春秋末年的特殊时代紧密联系。

西周建立以后，采取的是分封制，将王畿之外的土地分封给各诸侯国管理。周王是诸侯的共主，称为「天子」。周王分封了许多诸侯，到春秋时期，虽然经过了不断的消灭和兼并，还有140多个，其中比较强大的主要有齐国、晋国、秦国、楚国等。公元前770年，周平王放弃都城镐京而迁都洛邑之后，周王室的实力就已经大大削弱，领土仅局限于洛阳周围几百里的范围之内。由于贫弱，周王室不得不放弃天子的尊严，开始向各诸侯国请求经济上的支持。这时候的周王室的地位已经和一个小诸侯国不相上下，不但不能再向各诸侯国正常的发号施令，而且在军事上、经济上甚至政治上不得不依赖于一些比较有实力的诸侯国。各诸侯国借重周王室的地位，纷纷妄图「胁天子以令诸侯」，争作诸侯的霸主，出现了群雄争霸的混乱局面。

这时候，周天子虽然从实力上已经失去对诸侯国的控制，但名义上仍然是诸侯的「共主」，谁要是窥测鼎彝，妄图取天子之位而代之，必然会遭到各诸侯国的群起而攻之。各诸侯国名义上都仍然尊重周天子至高无上的地位，承认「礼乐征伐自天子出」，承诺愿意效忠周王室，辅佐周王室。因此，一些大国在争霸的过程中都是打着「尊王」的旗号，以周天子的名义召集诸侯，举行盟会，而实际上，诸侯争霸无非是为了取得向其它诸侯国发号施令、收取贡赋和征调军队等权力。诸侯之中的霸主，在实际拥有的权力上已经远远大于当时的天子。

中国历史上存在着「春秋五霸」的说法，但「五霸」究竟是哪「五霸」，看法却不尽一致。一种观点认为，「春秋五霸」是指齐桓公、宋襄公、秦穆公、晋文公、楚庄王，也有人认为，「春秋五霸」不包括宋襄公和秦穆公，而应当是齐桓公、晋文公、楚庄王、吴王阖闾和越王勾践。事实上，以上各路诸侯都曾在一定范围内称霸，或者主持过一定规模的诸侯会盟。谁更有资格列入「五霸」并不重要，重要的是，它所反映的，是春秋时期诸侯争霸的激烈程度。

诸侯争霸局面最直接的影响，一方面是政治上的，一方面是军事上的。在政治上，各诸侯国为了壮大自身的实力，进行了一些改革。在齐国，齐桓公在管仲等人的辅佐下，『作内政而寄军令』，实行了『相地而衰征』的办法，把田地划分为不同的等级，不同等级之间实行不同的税率。鲁国于公元前594年宣布『初税亩』，实行履亩而税的政策，取代传统的『藉田以力』的徭役地租，从而加速了领主经济的崩溃，为新兴的地主经济的崛起创造了条件。此外，在晋国、楚国、秦国、吴国、越国等其它诸侯国，也纷纷进行改革，起用贤能，整顿内政，发展生产，开垦土地，加强军备，通过这些措施，各国生产都取得了一定程度的发展。

诸侯争霸导致了各诸侯国之间军事冲突上的加剧。由于没有一个强大有力的权威来稳定秩序和控制局势，导致了春秋时期各诸侯国之间战争的空前频繁和激烈。据范文澜《中国通史》第一册对鲁史《春秋》的统计，春秋『二百四十二年里面，列国间军事行动，凡四百八十三次。』这些战争，既包括诸侯国之间的相互攻伐，也包括周王室、诸侯国和各边疆少数民族之间以及各诸侯国内部的冲突和摩擦。频繁的军事行动，既使军事经验得以积累，也产生了对军事经验和技术进行总结的迫切需要。

春秋时期，不但是一个战争频繁的时代，而且是一个学术活跃的时代。随着领主的宗法制度走向崩溃，一些出身于较低阶层的贵族开始有机会在政治、文化方面崭露头角，由于礼崩乐坏，必然要求产生出一种能与时代相适应的新的思想学说，以满足历史发展的需要。同时，由于学术文化的下移，使得有机会接受教育的人数显著增多，各种不同经历、不同地位的人纷纷提出自己在哲学、政治、伦理等领域内的新见解，各种思想空前活跃，产生了一批优秀的思想家。道家的创始人老子和儒家的创始人孔子就是其中比较卓越的两位。专门总结军事经验、研究军事技术的兵家在这个时候也成为一个重要的学派。

我们翻开《左传》、《国语》等记述春秋史实的典籍就可看到，里面对军事和战争进行分析的言论比比皆是。鲁国的曹刿不但提出在战争前要做好充分的准备，稳固后方，而且提出了『夫战，勇气也，一鼓作气，再而衰，三而竭，彼竭我盈，故克之』

的克敌制胜的战略技巧。（《左传·庄公十年》）晋国的赵盾提出了『先人有夺人之心，军之善谋也；逐寇如追逃，军之善政也』的理论，强调战争中应先发制人，并且要坚决果断地驱逐敌寇。（《左传·文公七年》）士会则认为，一个国家军事上的成功与政治上的协调密不可分，说：『德、刑、政、事、典、礼不易，不可敌也。』（《左传·宣公十二年》）随着论兵思想的积累，专门的军事专著和兵学方面的大思想家的出现成为了水到渠成的事情，春秋末年齐国的司马田穰苴和吴国的将军孙武，成为了其中出类拔萃的代表。

关于孙武的世系，《新唐书·宰相世系表》中有一段完整的记载：『（孙氏）又有出自妫姓。齐田完字敬仲，四世孙桓子无宇，无宇二子：恒、书。书字子占，齐大夫，伐莒有功，景公赐姓孙氏，食采于乐安。生凭，字起宗，齐卿。凭生武，字长卿，以田、鲍四族谋为乱，奔吴，为将军。』宋代邓名世《古今姓氏书辩证》中的记载与《新唐书》基本一致。根据这一记载，孙武的祖先可追溯到虞舜甚至颛顼，陈氏本是帝舜后裔中的一支，其族姓为妫。西周初年，周武王将陈姓的祖先满分封到黄河中下游（今河南淮阳一带），并对满赐以妫姓，建立了陈国。因此陈国的国君就以妫为姓，以陈为氏。陈国到陈桓公的时候，由于争权夺利，内乱不断。公元前672年，陈厉公的儿子陈完惧怕在内乱中被害，为避难逃奔齐国，受到齐桓公的器重。齐桓公本来打算对陈完委以卿职，陈完极力推辞，最后接受了管理手工业的『工正』之职，赐以土地，并改为田姓，所以陈完又称田完。这个田完，就是孙武的直系祖先。

田完在齐国稳定下来之后，田氏家族的势力不断壮大，逐渐发展成为齐国新兴势力的代表，到田完的四世孙无宇（即田桓子）时，已官为『上大夫』，能同当时齐国的几大贵族相抗衡了。为了收揽民心，田氏家族大斗放贷，小斗收租，遂『得齐众心』，到田常（恒）任齐国宰相时，民已经『归之者如流水』了，为后来『田氏代齐』奠定了基础。公元前523年，无宇的次子田书奉齐景公命讨伐莒国，大胜。齐景公因其『伐莒有功』，便把乐安封给他作采邑，又赐姓孙氏。乐安，即今天的山东惠民、博兴、广饶一代。从此，

孙书举家迁往乐安，与陈姓分开另立一族。孙书，即孙武的祖父。

从以上孙武的世系来看，孙武出生于一个贵族家庭，具有接受良好教育的条件。同时，根据史料记载，孙武的曾祖父、祖父等都曾领兵作战，他从小可能受到过这方面的家庭熏陶。《左传·襄公二十四年》载：『秋，齐侯闻将有晋师，使陈无宇从薳启强如楚，辞，且乞师。崔杼帅师送之，遂伐莒，侵介根』；『冬，楚子伐郑以救齐，门于东门，次于棘泽……楚子自棘泽还，使薳启强帅师送陈无宇』。当时齐楚是盟国，根据以上记载，孙武的曾祖父陈无宇不但为了齐国的军事事宜在诸侯国间斡旋奔走，而且从楚帅亲自送他来看，他曾经亲临战场，与楚军一起参加了棘泽之战。《左传》中还有一处记载陈无宇曾亲自领兵作战，昭公十年，『齐惠栾、高氏皆耆酒，信内多怨，强于陈、鲍氏而恶之』，『桓子授甲而如鲍氏』，『遂伐栾、高氏』。『五月庚辰，战于稷，栾、高败，又败诸庄。国人追之，又败诸鹿门。栾施、高强来奔。陈、鲍分其室。』由此可见，陈无宇不但参加过诸侯国之间的战争，而且还帅甲兵参加过齐国卿大夫之间的内战。

孙武的祖父孙书就是因为战功才被分封到乐安的。《左传·昭公十九年》中对孙书所指挥的伐莒战役有记载：『秋，齐高发帅师伐莒，莒子奔纪鄣。使孙书伐之。初，莒有妇人，莒子杀其夫，已为嫠妇。及老，托于纪鄣，纺焉以度而去之。及师至，则投诸外。或献诸子占，子占使师夜缒而登。登者六十人，缒绝。师鼓噪，城上之人亦噪。莒共公惧，启西门而出。七月丙子，齐师入纪。』

孙武生活于这样的家庭中，从小肯定少不了军事知识的耳濡目染，再加上齐国从姜太公、管仲等人那里流传下来的军事思想和军事经验的影响，孙武成为一代伟大的军事思想家并不是偶然的。

二、孙子的生平

关于孙武的生平，史料中没有确切的记载，但从他见吴王阖闾的时间和其后指挥的多次战争来推断，孙武与孔子差不多同时，都生活于春秋末期。

司马迁《史记·孙武吴起列传》中对孙武的生平事迹记载比较简略，并将大量篇幅用在了他见吴王后的『小试勒兵』上。《史记》中的全部记载如下：

孫子武者，齊人也。以兵法見于吳王闔閭。闔閭曰：『子之十三篇，吾盡觀之矣，可以小試勒兵乎？』對曰：『可。』闔閭曰：『可試以婦人乎？』曰：『可。』于是許之，出宫中美女，得百八十人。孫子分爲二隊，以王之寵姬二人各爲隊長，皆令持戟。令之曰：『汝知而心與左右手背乎？』婦人曰：『知之。』孫子曰：『前，則視心；左，視左手；右，視右手；後，即視背。』婦人曰：『諾。』約束既布，乃設鈇鉞，即三令五申之。于是鼓之右，婦人大笑。孫子曰：『約束不明，申令不熟，將之罪也。』復三令五申而鼓之左，婦人復大笑。孫子曰：『約束不明，申令不熟，將之罪也；既已明而不如法者，吏士之罪也。』乃欲斬左右隊長。吳王從臺上觀，見且斬愛姬，大駭。趣使使下令曰：『寡人已知將軍能用兵矣。寡人非此二姬，食不甘味，願勿斬也。』孫子曰：『臣既已受命爲將，將在軍，君命有所不受。』遂斬隊長二人以徇。用其次爲隊長，于是復鼓之。婦人左右前後跪起皆中規矩繩墨，無敢出聲。于是孫子使使報王曰：『兵既整齊，王可試下觀之，唯王所欲用之，雖赴水火猶可也。』吳王曰：『將軍罷休就舍，寡人不願下觀。』孫子曰：『王徒好其言，不能用其實。』于是闔閭知孫子能用兵，卒以爲將。西破强楚，入郢，北威齊晋，顯名諸侯，孫子與有力焉。

根据《史记》中的这一记载和其它史料中孙武的事迹，我们可以对他的生平大体做出推断。

齐国发生了『四姓之乱』。田氏、鲍氏联合打败旧贵族栾氏、高氏之后，齐国的内乱并没有停止，卿大夫之间互相倾轧和斗争，使齐国的内部矛盾进一步激化。孙武看不惯这种局面，不愿纠缠其中，于是打算远走他乡，另谋生路，找寻一个能够施展自己才华的地方。当时吴国是一个新兴的诸侯国，国势渐盛，力量逐渐强大。孙武认为吴国是一个能实现自己理想和抱负的地方，就毅

然离开家乡乐安，千里跋涉来到吴国。

孙武来到吴国之后，结识了从楚国避难而来的伍子胥，两人惺惺相惜，志趣相投，很快成为好友。后来，经伍子胥力荐，吴王阖闾对孙武以及他的兵法十三篇产生了兴趣，决定接见他。为了考察孙武的军事才能，吴王阖闾让孙武对180名宫女按照兵法进行演练，这就是《史记》中所记载的『小试勒兵』的故事。阖闾看到孙武的军事才能和胆略的确出色，就以客卿的身份认命他为将军，并授以军权，参予了吴国的多次战争，为吴王阖闾的霸业立下了赫赫战功。

孙武在吴国对外战争中，战绩最显赫者，就是『西破强楚，入郢』。楚国是吴国的近邻，春秋时，楚国疆域广、力量大，吴国如果称霸，首先必须打败楚国。

公元前512年，吴王经过充分准备，和孙武、伍子胥、伯嚭一起帅军伐楚，占领了楚国的舒城，并乘势拘执了钟吾国的国君，灭了徐国。此时，吴王阖闾想长驱直入，一举占领楚国的都城郢。孙武认为当时时机未到，就劝阻道：『民劳，未可，待之。』（《史记·吴太伯世家》）伍子胥又对吴王说：『若为三师以肄焉，一师至，彼必皆出。彼出则归，彼归则出，楚必道敝。亟肄以罢之，多方以误之。既罢而后以三军继之，必大克之。』（《左传·昭公三十年》）意思是说：我们可以派三队人马对楚军进行轮番袭击。我们只要有一队人马杀至，楚军必然全军应战。等到他们的人马一出来，我们的人马就马上撤回来；而一旦他们的人马回去，我们就派另一队人马去骚扰。这样三番五次，楚军必然会疲于奔命。屡次袭击使他疲惫，多方诱骗使他迷惑。当楚军完全疲乏之后我们再全军出击，必然能够大获全胜。这一策略，其实就是《孙子兵法》中『佚以劳之』思想的体现。吴王听从了伍子胥的建议，结果使楚国遭到重创。

公元前511年，吴施行疲楚之计，对楚国进行侵扰。吴军攻占了夷，并向楚国的潜（安徽霍山东）、六（安徽六安北）进逼，

楚国派沈尹戌帅师救潜，吴军退走。转而围攻楚国的弦（河南息县南），楚军救弦，兵刚到豫章，吴军又一次退走。

公元前508年，吴国又一次进攻楚国。《左传·定公二年》中记载说：『桐叛楚。吴子使舒鸠氏诱楚人，曰：「以师临我，我伐桐，为我使之无忌。」秋，楚囊瓦伐吴，师于豫章。吴人见舟于豫章，而潜师于巢。冬，十月，吴军楚师于豫章，败之。遂围巢，克之，获楚公子繁。』桐（今安徽桐城北）原来是楚国的属国，吴国先诱使桐国叛楚，然后又借机唆使楚国的附庸舒鸠氏（今安徽舒城诱楚来攻。楚国派囊瓦率军攻吴，两军对峙于豫章（大别山以东，巢湖以西，淮南、江北一带），吴军故意将大量船只集中于豫章南部江面上，假装守势；而暗地里将主力埋伏于巢（楚邑，安徽桐城、安庆之间）。楚军中计，豫章之战，吴军突然从侧面袭击楚军，楚军大败，吴军遂乘胜攻占了巢，俘楚国的公子繁。豫章之战，使楚军遭受重创。这一战役，《孙子兵法》中『兵者诡道』，『攻其无备，出其不意』的思想得到了充分的体现。

两年之后的柏举之战，是吴国最终破楚入郢的关键一役。这场战役，起于蔡、唐两国因楚国的囊瓦索要财物并监禁蔡昭侯和唐成公而叛楚。楚国以蔡灭沈为由出兵围蔡，蔡侯求救于吴。吴王阖闾为此征求伍子胥和孙武的意见，二人认为，楚国霸道蛮横，『贪而多过于诸侯』。对于楚伐蔡这件事来说，『蔡非有罪也，楚人为无道』。在二人的鼓励下，吴王决心『悉兴师』，联合唐、蔡，与楚决战。对于这场战役的全过程，《左传·定公四年》中有着详细的记载：

冬，蔡侯、吴子、唐侯伐楚。舍舟于淮汭，自豫章与楚夹汉。左司马戌谓子常曰：『子沿汉而与之上下，我悉方城外以毁其舟，还塞大隧、直辕、冥厄。子济汉而伐之，我自后击之，必大败之。』既谋而行。武城黑谓子常曰：『吴用木也，我用革也，不可久也，不如速战。』史皇谓子常：『楚人恶子而好司马。若司马毁吴舟于淮，塞城口而入，是独克吴也。子必速战！不然，不免。』乃济汉而陈，自小别至于大别。三战，子常知不可，欲奔。史皇曰：『安，求其事；难而逃之，将何所入？子必死之，初罪必尽说。』

十一月庚午，二师陈于柏举。阖闾之弟夫概王晨请于阖闾曰：『楚瓦不仁，其臣莫有死志。先伐之，其卒必奔；而后大师继之，必克。』弗许。夫概王曰：『所谓「臣义而行，不待命」者，其此之谓也。今日我死，楚可入也。』以其属五千先击子常之卒。子常之卒奔，楚师乱，吴师大败之。子常奔郑。史皇以其乘广死。吴从楚师，及清发，将击之。夫概王曰：『困兽犹斗，况人乎？若知不免而致死，必败我。若使先济者知免，后者慕之，蔑有斗心矣。半济而后可击也。』从之，又败之。楚人为食，吴人及之，奔。食而从之，败诸雍澨。五战，及郢。

己卯，楚子取其妹季芈畀我以出，涉睢。针尹固与王同舟，王使执燧象以奔吴师。庚辰，吴入郢，以班处宫。子山处令尹之宫，夫概王欲攻之，惧而去之，夫概王入之。左司马戌及息而还，败吴师于雍澨，伤。初，司马臣阖闾，故耻为禽焉，谓其臣曰：『谁能免吾首？』吴句卑曰：『臣贱，可乎？』司马曰：『我实失子，可哉！』三战皆伤，曰：『吾不可用也已。』句卑布裳，到而裹之，藏其身，而以其首免。

楚子涉睢，济江，入于云中。王寝，盗攻之，以戈击王，王孙由于以背受之，中肩。王奔郧。钟建负季芈以从。由于徐苏而从。郧公辛之弟怀将弑王，曰：『平王杀吾父，我杀其子，不亦可乎？』辛曰：『君讨臣，谁敢雠之？君命，天也。若死天命，将谁雠？《诗》曰：「柔亦不茹，刚亦不吐。不侮矜寡，不畏强御」，唯仁者能之。违强陵弱，非勇也；乘人之约，非仁也；灭宗废祀，非孝也；动无令名，非知也。必犯是，余将杀女。』斗辛与其弟巢以王奔随。吴人从之，谓随人曰：『周之子孙在汉川者，楚实尽之。天诱其衷，致罚于楚，而君又窜之，周室何罪？君若顾报周室，施及寡人，以奖天衷，君之惠也。汉阳之田，君实有之。』楚子在公宫之北，吴人在其南。子期似王，逃王，而己为王，曰：『以我与之，王必免。』随人卜与之，不吉，乃辞吴曰：『以随之辟小，而密迩于楚，楚实存之。世有盟誓，至于今未改。若难而弃之，何以事君？执事之患不唯一人，若鸠楚竟，敢不听命？』吴人乃退。炉金初宦于子期氏，实与随人要言。王使见，辞，曰：『不敢以约为利。』王割子期之心以与随人盟。

初，伍员与申包胥友。其亡也，谓申包胥曰：『我必复楚国。』申包胥曰：『勉之！子能复之，我必能兴之。』及昭王在随，申包胥如秦乞师，曰：『吴为封豕、长蛇，以荐食上国，虐始于楚。寡君失守社稷，越在草莽，使下臣告急，曰：夷德无厌，若邻于君，疆埸之患也。逮吴之未定，君其取分焉。若楚之遂亡，君之土也。若以君灵抚之，世以事君。』秦伯使辞焉，曰：『寡人闻命矣。子姑就馆，将图而告。』对曰：『寡君越在草莽，未获所伏，下臣何敢即安？』立，依于庭墙而哭，日夜不绝声，勺饮不入口七日。秦哀公为之赋《无衣》。九顿首而坐。秦师乃出。

柏举之战被《中国通史》称为是『东周时期第一大战争』，它是自商周以来规模最大、战线最长、战场最广的一次大战，历时三个多月，动用了吴、唐、蔡三国不下五万军队，最终打败了二十万楚军，是历史上以少胜多、以弱胜强的突出战例之一。正是在此战中，孙子的『兵者诡道』、『上兵伐谋』、『胜兵先胜』、『避实击虚』、『兵闻拙速』、『因敌制胜』、『动敌』、『造势』等战略战术都得到了充分的发挥和运用。《尉缭子·制谈》中说：『有提三万之众，而天下莫当者谁？曰（孙）武子也』，对孙武在这场战役中率领着三万精兵以少胜多大破楚军所表现出的非凡军事才能，做了恰如其分的评价。

吴国在伐楚的同时，与越国的关系也日益紧张，两国结怨日深，相互攻伐。公元前496年的槜李大战中，吴军战败，吴王阖闾受伤不治而亡。吴王阖闾死后，其子夫差继位，孙武、伍子胥等人继续辅佐夫差，积蓄物资，训练军队，准备与越国决战。公元前494年，吴王阖闾为了报槜李之仇，发起了伐越战争，两军相遇于夫椒（今江苏吴县西南太湖边上）『战于五湖（即太湖）』，结果在伍子胥和孙武的策划下，吴军取得大胜。越军仓惶南撤，吴军一直追到钱塘江边上，在伍子胥、孙武的指挥下，吴军又『变为奇谋，或北或南，夜举火击鼓，画陈诈兵。越师溃坠，政令不行，背叛乖离』（《越绝书·记地传》）。越军又一次遭受到重创。

越王勾践没有办法，只得带领5000甲兵逃到会稽山上，吴军又尾随而来，将他们团团围住，勾践无奈，派人向吴王求和，越国成为了吴国的属国。

吴国在南方取得胜利后，就开始向北方的齐国和晋国进攻。公元前484年，吴王夫差发九郡之兵伐齐，并与鲁国联合，一举攻下了博（今山东泰安东南）和嬴（今山东莱芜西北），最后在艾陵（今山东莱芜以东）决战。艾陵一战，吴军大败齐师。公元前482年，夫差率数万大军到黄池（今河南封丘南），与晋、鲁等国会盟，与晋国争做盟主。吴国攻伐齐国、与晋争霸，孙武究竟有没有参加，目前为止还没有定论，但可以肯定的是，在吴国霸主地位的形成过程中，孙武功不可没。所以《史记·孙子吴起列传》中说：『西破强楚，入郢，北威齐晋，显名诸侯，孙子与有力焉。』

随着吴王霸业的建立，孙武也逐渐被冷落。关于孙武的最终结局，历史上也有着不同的说法。一种观点认为，好友伍子胥被夫差听信伯嚭的谗言杀掉以后，孙武心灰意冷，退出世事纷争，晚年隐居山林，从事著述和兵书的修订。还有一种观点认为，孙武也像伍子胥一样，被吴王夫差杀害，这种说法始见于《汉书·刑法志》，是否可信，也值得推敲。

三、历代对孙子的评价

孙武的辉煌战绩和《孙子兵法》都在历史上产生了深远的影响。从春秋战国直到当代，人们对《孙子兵法》的关注早已突破了军事领域，影响也不只限于华夏大地。

战国时期，魏国的军事家尉缭对孙武就十分钦佩，他所著的《尉缭子》中说：『有提十万之众而天下莫当者谁？曰桓公也；有提七万之众而天下莫当者谁？曰吴起也；有提三万之众而天下莫当者谁？曰武子也。』（《尉缭子·制谈》）书中所说的『武子』，指的就是《孙子兵法》的作者孙武。在尉缭看来，孙武的军事才能比春秋五霸之首的齐桓公和著名军事家吴起都要高明，可见他对孙子的崇敬。

到战国末期，《孙子兵法》已经在各诸侯国之间广为流传，孙武的名声也已深入到千家万户。《荀子·议兵》中记载临武君说：『善用兵者，感忽悠暗，莫知其所从出，孙吴用之无敌于天下。』这里的『孙』即指孙武，『吴』指吴起。中国末期法家的著名代表人物韩非也说：『今……境内皆言兵，藏孙吴之书者家有之。』（《韩非子·五蠹》）从这里可以看到，此时孙子的著作已经产生了深远的影响。《吕氏春秋》中则把孙子所领导的军队看作天下战斗力最强的军队之一，并认为其战斗力的来源，就是因为他们坚持了把『德』与『义』作为治军和用兵的指导思想，这就是《吕氏春秋·上德》篇中所说的：『以德以义，……孙吴之兵，不能当矣。』

值得一提的是，战国时期，《孙子兵法》的影响就已经超出了军事领域。魏文侯时期的大商人白圭是我国历史上著名的成功商人之一，他的经营思想，就深受《孙子兵法》中军事思想的影响，并将其灵活地运用到了买卖货物之中。《史记·货殖列传》中说：『白圭，周人也。当魏文侯时，李克务尽地力，而白圭乐观时变，故人弃我取，人取我与。……故曰：吾治生产，犹伊尹、吕尚之谋，孙、吴用兵，商鞅行法也。』除了商业经营以外，还有人将《孙子兵法》中的军事思想运用于行医看病。战国末期成书的《黄帝内经·灵枢经》中引用了《孙子兵法·军争篇》中的『无邀正正之旗，无击堂堂之阵』，说『无迎逢逢之气，无击堂堂之阵』，并对其做了医学的解释。

秦汉时期，由于战争的频繁，西汉时期开始对兵书进行大规模有计划的编订，军事家的思想也极受重视，其中，《孙子兵法》仍然被认为是兵书中的佼佼者，所以司马迁曾经说：『世俗所称师旅，皆道《孙子》十三篇』（《史记·孙武吴起列传》），汉武帝也要求手下的将领要学学『吴、孙兵法』（《史记·卫青霍去病列传》）。东汉时期，许多将领都自觉的运用《孙子兵法》

中的战略战术思想指导自己的军事行动，并给予孙武很高的评价。东汉初年，大将军冯异「好读书，通《左氏春秋》、《孙子兵法》」（《后汉书·冯异传》），从而带兵作战，屡立战功。思想家王充则评价孙子说：「孙武、阖闾，世之善用兵者也。知或学其法者，战必胜，不晓什伯之陈，不知击刺之术者，强使之军，军覆师败，无其法也。」（《论衡·量知篇》）东汉时候，政府曾定下制度：「立秋之日，……兵官皆肄孙、吴兵法，六十四阵」（《后汉书·礼仪志》），可见当时对《孙子兵法》的重视。

魏晋时期，对孙武的著作进行阐发和注释的著作日多，其中曹操的《孙子注》就是其中较著名的一部。曹操一生出入于戎马之中，对孙武军事思想的高明深有切身的体会。他说：「吾观兵书战策多矣，孙武所著深矣。……审计重举，明画深图，不可相诬。而但世人未之深亮训说，况文烦富，行于世者，失其旨要，故撰为「略解」焉。」（《孙子略解序》）曹操用兵多依《孙子兵法》，并亲自为《孙子兵法》做注，其《孙子注》在后世产生了深远影响。有人对他评价说：「其行军用师，大较依孙、吴兵法，而因事设奇，谲敌制胜，变化如神。」（《三国志·魏志·武帝纪》裴松之注引《魏书》）不但曹操熟读《孙子兵法》，他的对手也都对《孙子兵法》有着深入的研究和运用。诸葛亮多次引用《孙子兵法》中的论述，在228年他挥泪斩犯了严重错误致使蜀军遭受重大损失的马谡时说：「孙武所以能制胜于天下者，用法明也。」（《三国志·马良传》裴松之注引《襄阳记》）诸葛亮也把孙武当作用兵的楷模，他在评价曹操时，曾拿曹与孙对比，说：「曹操智计，殊绝于人，其用兵也，仿佛孙、吴。」（《后出师表》）在吴国，孙权也非常重视《孙子兵法》，他曾经要求其手下的大将吕蒙、蒋钦等「急读《孙子》」（《三国志·吕蒙传》裴松之注引《江表传》）。在三国纷争的时代，《孙子兵法》的作用得到了充分体现。南北朝时，《孙子兵法》不但继续为武将所重视，而且其文学价值也得到了发掘，刘勰在《文心雕龙·程器》中曾经说：「孙武兵经，辞若珠玉，岂以习武而不晓文也。」在这时候，《孙子兵法》已经被提到了「兵经」的地位。

隋唐时期，《孙子兵法》同样受到人们的重视，人们仍然给予孙子很高的评价。唐太宗李世民曾经说：「朕观诸兵书，无出孙武。孙武十三篇，无出虚实。夫用兵识虚实之势，则无不胜焉。」（《唐太宗李卫公问对》）唐代开国名将李靖是一位杰出的军事家，他的舅舅隋朝名将韩擒虎「每与论兵，未尝不称善，抚之曰：「可与论孙、吴之术者，惟斯人矣。」」（《旧唐书·李靖传》）可见，那时候，「孙、吴之术」已经成了兵法的代名词。李靖本人对孙武的军事思想评价也很高，他说：「吾谓不战而屈人之兵者，上也；百战百胜者，中也；深沟高垒以自守者，下也。以是较量，孙武著书，三等皆具焉。」「爱设于先，威设于后，不可反是也。若威加于前，爱救于后，无益于事矣。《尚书》所以慎戒其终，非所以作谋于始也。故孙子之法，万代不刊。」（《唐太宗李卫公问对》）唐朝时期，文人的诗词文赋中，也对孙武多有提及，韩愈的《送孟东野序》、高适的《蓟中作》、《送浑将军出塞》、《李云南征蛮》、《谢上淮南节度使表》、罗隐的《题杜甫集》等作品中，对孙武都多有称颂。而其中贡献最大的，当属杜佑与杜牧祖孙。杜佑在编辑《通典》的《兵典》时，许多篇章都用《孙子兵法》中的论述做总纲，他评价孙武和《孙子兵法》十三篇说：「语有之曰：「天时不如地利，地利不如人和。」诚谓得兵术之要也。以为孙武所著十三篇，旨极斯道。故知往昔行师制胜，诚当皆精其理。今辄捃摭与孙武书之义相协并颇相类者纂之，庶披卷足见成败在斯矣。」（《通典》）杜牧曾经亲自为《孙子兵法》做注，并说：「自古以兵著书列于后世、可以教于后生者，凡十数家，且百万言。其孙子所著十三篇，自武死后凡千岁，将兵者有成者、有败者，勘其事迹，皆与武所著书一一相抵当，犹印圈模刻，一不差跌。」（《樊川文集》卷十）给予了孙子及其兵法以很高的评价。

宋朝时，由于内忧外患，兵家著作又备受重视，宋神宗时钦定了《武经七书》，其中《孙子》即为《七书》之首，许多军事家和政治家对《孙子兵法》都极为推崇。但是，这一时期，随着理学思想支配地位的形成，也有许多人对《孙子兵法》提出了批评，同时还出现了对孙武及其《孙子兵法》是否有其人其书的怀疑。宋代许多军事著作，都对孙武和《孙子兵法》进行了称道。何去

非评论说：『昔以兵为书者无若孙武。武之所可以教人者备矣，其所不可者，虽武亦无得而预言之，而唯人之所自求也。故其言曰：「兵家之胜，不可先传。」又曰：「奇正之变，不可胜穷。」又曰：「人皆知我所胜之形，而莫知吾所以制胜之形，故其战胜不复而应形于无穷。」善学武者，因诸此而自求之，乃所谓方略也。去病之不求深学者，亦在乎此而已。嗟乎！执孙吴之遗言以程人之空言，求合乎其所以教，而不求其所不可教，乃因谓之善者，亦已妄矣。』（《何博士备论·霍去病论》）『言兵无若孙武，用兵无若韩信、曹公。武虽以兵为书，而不甚见于其所自用；韩信不自为书，曹公虽为而不见于后世，然而传称二人者之学皆出于武，是以能神于用而不穷。窃尝究之，武之十三篇天下之学兵者所通诵也，使其皆知所以用之，则天下孰不为韩曹也？韩曹未有继于后世，则凡得武之书伏而读之者，未必皆能办于战也。武之书，韩曹之术皆在焉，使武之书不传，则二人者之为兵，固不戾乎武之所欲言者，至其所以因事设奇，因而不穷者，虽武之言有所未能尽也。驱市人白徒而置之死地，惟若韩信者然后能斩陈余；遏其归师与之死地，惟若曹公者然后能克张绣。此武之所以寓其妙，固有待乎韩曹之俦也。』（《何博士备论·魏论下》）陈直中《孙子发微》中说：『自六经之道散而诸子作，盖各有所长，而知兵者未有过孙子者。』戴溪所撰的《将鉴论断》中，称《孙子兵法》『众家之说备矣』，『奇正、虚实、强弱、众寡、饥饱、劳逸、彼己、主客之情状，与夫山泽、水陆之阵，战守攻围之法，无不尽也。微妙深密，千变万化而不可穷。用兵，从之者胜，违之者败，虽有智巧，必取则焉。可谓善之善者矣。然武操术，有余于权谋而不足于仁义；能克敌制胜为进取之图，而不能利国便民为长久之计；可以为春秋诸侯之将，而不可以为三代王者之佐也。』中国历史上的著名改革家王安石说：『孙武谈兵，言理而不言事，所以文约而所赅者博。』又说：『（韩）信但用孙武一两言，即能成功名。』（韩淲：《涧泉日记》卷下）著名文学家苏洵在他所著的《权书》中评论说：『孙武十三篇，兵家举以为师。然以吾评之，其言兵之雄乎！今其书，论奇权密机，出入神鬼，自古以兵著书者罕所及。……吴起与武一体之人也，皆著书言兵，世称之孙吴。然而吴起之言兵也，

轻法制，草略无所统纪，不若武之书辞约而意尽，天下之兵说皆归其中。』其子苏轼也承认：『古之言兵者，无出于孙子矣。利害之相权，奇正之相生，战守攻围之法，盖以百数，虽欲加之而不知所以加之矣。』（《孙武论》）南宋末年著名爱国学者黄震从儒家正统思想出发，居然也对《孙子兵法》给予了很高的评价。他说：『孙子言兵，首谓「兵者，国之大事，死生之地，存亡之道」，而切切欲导民使之「与上同意」，欲「不战而屈人兵」，欲「先为不可胜，以待敌之可胜」，欲「无恃其不来，恃吾有以待之」。至论将，则谓「进不求名，退不避罪，惟民是保而利于主」。盖始终未尝言杀，而以久于兵为戒。所异于先王之训者，惟「诡道」一语，特自指其用兵变化而言，非俗情所事奸诈之比。且古人诡即言诡，皆其真情，非后世实诈而反谬言诚者比也。若孙子之书，岂特兵家之祖，亦庶几乎立言之君子矣！诸子自荀、扬外，其余浮辞横议者莫与比。』（《黄氏日钞·读诸子·孙子》）这样的评价，应当说是难能可贵的。而两宋时期对孙武的批评，则大多集中于《孙子兵法》中所流传下来的计谋助长了人们的贪心、奸诈，教坏了人心，败坏了风俗，致使『天下纷纷乎如鸟兽之相搏，……而天下之乱何从而已乎！』（苏轼：《孙武论》）有人甚至说，孙武之术不过是『盗术』，『兵流于毒，始于孙武乎！』（高似孙：《子略·孙子》）『人心之不仁，至此极耶！』因此说『武真谲诈之雄者也！』（叶适：《水心别集》卷四）宋朝时，也有许多人对孙武及《孙子兵法》的存在提出了质疑，如欧阳修、叶适等人都认为《孙子兵法》只不过是战国时的纵横家所托名而做的。

明代对孙武及其兵法的评价又提高到了一个新的高度，明太祖朱元璋曾经说：『以朕观之，武之书杂出于古之权书，特未纯耳。其曰「不仁之至」、「非胜之主」，此说极是。若虚实变诈之说，则浅矣。苟君如汤武，用兵行师，不待虚实变诈而自无不胜。然虚实变诈之所以取胜者，特一时诡遇之术，非王者之师也，而其术终亦穷耳。盖用仁者无敌，恃术者必亡，观武之言与其术亦有相悖。盖武之书必有所授，而武之术则不能尽如其书也。』（《明太祖宝训·评古》）所以他大力提倡阅读包括《孙子兵法》

在内的古代兵书。在当时的许多著作中，也多对《孙子兵法》非常推崇。刘寅在《武经直解·自序》中评价《孙子兵法》说：『……不有大智，其何能谋，不有深谋，其何能将，不有良将，其何能兵，不有锐兵，其何能武，不有武备，其何能国，欲有智而多谋，善将而能兵，提兵而用武，备武而守国，舍是书何以哉。』谈恺在《孙子集注十三卷·自序》中则说：『孙子上谋而后攻，修道而保法，论将则曰仁智信勇严，与孔子合。至于战守攻围之道，批亢捣虚之术，山林险阻之势，料敌用间之谋，靡不毕具。其它韬钤机略，孰能过之。』《投笔肤谈》的作者何守法认为：在包括《武经七书》在内的古代兵书中，『惟《孙子》纯粹，书仅十三篇，而用兵之意悉备。』（《投笔肤谈·引》）茅元仪也说：『自古谈兵者，必首孙武子。故曹孟德手着之，又为《兵家接要》二十万言，大约集诸家而阐明孙子者也。世有《武侯新书》者，亦所以明孙子，然赝书也，无所短长。孟德书不传，然孙子在，有心者可以意迎之，他书可弗传也。先秦之言兵者六家，前孙子者，孙子不遗，后孙子者，不能遗孙子。谓五家为孙子注疏可也。……要之，学兵诀者，学孙子焉可也。（《武备志·兵诀评》）对孙子给予了前所未有的高度评价。赵本学在《孙子书校解引类·孙子书序》中认为：『窃维天地之间，有人则有争，有争则有乱。乱不可以鞭朴治也，则有兵。兵之为凶器，不可以妄用也，则有法。其事起于斗智角力也，则其法不得不资于权谋。用兵而不以权谋，则兵败国危而乱不止。君子不得已而用权谋，正犹不得已而用兵也。用之合天理则为仁义，合王法则为礼乐。……古人着兵书凡四十余家，存者今有七。孙子十三篇，实权谋之万变也。数千年来，儒者未尝一开其扃钥。……儒者生于其时，遇国家有难而主兵，何不可之有其曰猥云德化，不当用兵，此迂儒保身之谋，卖国之罪也。』著名抗倭将领俞大猷和戚继光在用兵作战中，都对孙武产生了由衷的敬佩，俞大猷说：『孙武子「兵闻拙速」一言，误天下后世徒读其书之人，杀天下后世千千万人之命，可胜恨哉！可胜恨哉！世之徒读其书者，每以师老财匮为辞，不知列国相争，师老财匮则诸侯乘其弊而起，故胜亦宜速，不胜亦宜速。其在后世，堂堂讨罪，有征无战之兵，必为万全之画。夫苟一时攻之未暇，

取之未克，师老矣，再请新师以益之，财匮矣，再请多财以继之，必大破之而后已。愚见世人欲图速成之功，视三军之命如草芥，往往而然焉，皆孙武子一言误之也！孟子以杀人盈地，盈野者宜服上刑，然则孙武子一言杀天下后世之人不可胜计，使孟子而在，将以何刑加之乎恨之深，恶之切，作《拙速解》下。』（《正气堂续集·杂文·拙速解》）戚继光也根据自身的体会说：『数年间余承乏浙东，乃知孙武之法，纲领精微莫加矣。第于下手详细节目，无一及焉，犹禅者上乘之教也。』（《纪效新书·自序》）他又说：『习武者不外于孙吴，是习孙吴者皆孙吴之徒也。自夫世好之不同也，试文之余，每于篇中必肆诋毁，议诮其师无所不至！试使今日之毁师者受国家勘定之寄，而能攘外安内如孙吴者几人哉！夫业彼之业而诋彼之短，是无师矣。以无师之心而知忠爱之道，有是理乎！』（《练兵实纪·储练通论·正习讹》）『孙武子兵法，文义兼美，虽圣贤用兵，无过于此。非不善也，而终不列之儒，设圣贤其人，用孙武之法，武经即圣贤之作用矣。苟读六经，诵服圣贤，而行则狙诈，六经即孙武矣。顾在用之者，其人如何耳。故因变用智，在君子则谓之行权，在小人则谓之行术，均一智也。而君子、小人所以分者何也盖有立心不正，则发之自异耳。』（《止止堂集·愚愚稿》）许多学者也给予孙武和《孙子兵法》很高的评价。明初的著名学者方孝孺论孙子说：『十三篇之所论，先计谋而后攻战，先知而后料敌，用兵之事周备明白。虽不足与于仁义之师，苟以之战，则岂非良将乎视彼恃力之徒，驱赤子而陷之死地者，犹狼残虎噬耳。呜呼！武亦安可得哉！』（《逊志斋集·杂着·读孙子》）李贽则说：『吾独恨其不以《七书》与《六经》合而为一，以教天下万世也。故因读《孙武子》，而以魏武之注为精当，又参考六书以尽其变，而复论著于各篇之后焉。感叹深矣。』（《孙子参同·自序》）

清代一方面对孙武及《孙子兵法》的怀疑更为激烈，另一方面也继续着对《孙子兵法》的价值的发掘。邓廷罗集合《孙子》各家的注解，写成了《孙子集注》，对于孙子和《孙子兵法》，他说：『惟孙子十三篇，简而赅，精而有则，即其始计篇曰，令

民与上同意，则其言近于道，而治国治兵之理，若符券焉。是可为韬钤士之金科玉律矣。』『孙子一书，自始计以迄用间，如同条，如共贯，原始要终，层次井井，十三篇如一篇也。至一篇之中，节有旨，句有义，亦靡不纲举目张，主宾互见。』『救乱如救病，用兵犹用药。善医者因症立方，善兵者因敌设法。孙子十三篇，治病之方也。古今帝王将相之战功往迹，名医之案也。医不通晓方案，不谓之名医，将不贯通古今，得谓之名将乎？……孙子十三篇，无篇不可为法，无句不可为训。』（《兵镜备考》）郑端在《孙子汇征·自序》中则认为：『古今谈兵之雄者，首推孙子。盖孙子能推黄帝太公之意，而武侯卫公又皆推孙子之意，故言兵者以孙子为宗，第孙子之微旨不传。』著名学者孙星衍则为人们对《孙子兵法》种种不公平的评价表示不平，他说：『兵家言惟孙子十三篇最古。古人学有所受，孙子之学或即出于黄帝，故其书通三才、五行，本之仁义，佐以权谋，其说甚正。古之名将用之则胜，违之则败，称为兵经，比于六艺，良不愧也。……今世泥孔子之言，以为兵书不足观；又泥赵括徒能读父书之言，以为成法不足用；又见兵书有权谋，有反间，以为非圣人之法，皆不知吾儒之学者！……兵凶战危，将不素习，未可以人命为尝试，则十三篇之不可不观也。项梁教籍兵法，籍略知其意不肯竟学，卒以倾覆。不知兵法之弊，可胜言哉！宋襄、徐偃仁而败，兵者危机，当用权谋。孔子犹有要盟勿信，微服过宋之时，安得妄责孙子以言之不纯哉！』尤为值得一提的是，明清时期的医学家继承了《黄帝内经》的传统，自觉地将《孙子兵法》中的理论用于治病救人。清初名医徐大椿曾写过一篇《用药如用兵论》，将《孙子兵法》中的许多原则用于疾病治疗的指导，并说：『孙武子十三篇，治病之法尽之矣。』

直至近代和现代，对《孙子兵法》进行研究和应用的人仍层出不穷。魏源面对西方列强的威胁，不但提出了『师夷长技以制夷』的观点，而且也强调深入发掘中华民族的自有思想资源，他对《孙子兵法》等中国古代典籍中一些军事的思想都非常重视，说：『《易》其言兵之书乎《亢》之为言也：『知进而不知退，知存而不知亡，知得而不知丧，所以动而有悔也。』吾于斯见兵之情。《老子》其言兵之书乎『天下莫柔弱于水，而攻坚强者，莫之能先。』吾于斯见兵之形，孙武其言兵之书乎『百战百胜，非善之善者也；不战而屈人之兵，善之善者也。』故善用兵者，『无智名，无勇功』。吾于斯见兵之精。故夫经之《易》也，子之《老》也，兵家之《孙也，其道皆冒万有，其心皆照宇宙，其术皆合天人，综常变者也。』（《古微堂外集·孙子集注序》）在近代抵御外侮的过程中，许多政治家、军事家、思想家都对《孙子兵法》进行过深入研究。曾国藩、胡林翼、蔡锷等人自不必说，一些资产阶级改良主义者也频频引用《孙子兵法》，例如郑观应就对《孙子兵法》有着深入的研究，他在许多著作中，都应用过孙子的思想。近代革命的先行者孙中山对《孙子兵法》也非常重视，他曾经说：『就中国历史来考究，二千多年前的兵书有十三篇，那十三篇兵书便是解释当时的战理，由于那十三篇兵书，便成立中国的军事哲学。所以照那十三篇书讲，是先有战术的事实，然后才成那本兵书。』（《三民主义·民权主义》）孙中山的这一论述，对研究《孙子兵法》中的哲学思想有开创性的意义。伟大的无产阶级革命家、政治家、军事家毛泽东，对《孙子兵法》也有着很深的研究，他曾经亲口说：『我确实读了许多中国古代打仗的书，研究过《孙子兵法》之类的著作。』在《中国革命战争的战略问题》一文中，他说：『中国古代大军事家孙武子书上「知彼知己，百战不殆」这句话，是包括学习和使用两个阶段而说的，包括从认识客观实际中的发展规律，并按照这些规律去决定自己行动克服当前敌人而说的；我们不要看轻这句话。』在《论持久战》中，他又说：『孙子的规律，「知己知彼，百战不殆」，仍是科学的真理。』在中国的革命战争中，他将《孙子兵法》中的许多优秀思想都做了充分的发挥。

从中国历史上对孙武和《孙子兵法》的评价我们可以看到，孙武的思想在中国有着深远和积极的影响。随着中外交流的日益广泛，孙武的兵法思想也走出了国门，得到世界各国军事家、政治家、战略家的高度重视和评价。

附录二　《孙子》的思想内容及价值

《孙子兵法》被尊称为「兵学圣典」，并有「世界古代第一兵书」之雅称。是世界上最古老的一部军事经典著作，也是中华文明对世界文明的重要贡献之一，在全球享有崇高的声誉。《孙子兵法》中的思想内容丰富、精练、实用，它不但在中国历代产生过重要的影响，而且在国外也广为流传。

第一节　《孙子》的内容结构及价值

一、《孙子》的内容结构

目前流传的《孙子兵法》全书共十三篇，约五千九百字。为了全面了解《孙子》一书的思想，首先让我们逐一梳理一下该书各篇的主要内容。

《孙子》的第一篇名为《计篇》，又称《始计》。这一篇是全书的纲领，主要讲的是战争的指导性原则、纲领和全盘计划。在这一篇中，孙子提出了战争以及研究和谋划战争的重要性，论述了战争上的自保全胜对于整个国家的意义，并通过对战略运筹和主观指导能力的分析，初步而总括性地提出了临机应变等各种所谓「诡道」。这一篇中，孙子「庙算」的重要概念，所谓「庙算」，即出兵前在庙堂上比较敌我的各种条件，分析各种可能性和利弊，估算战事胜负的几率，并为战争做出尽量全面的准备和制订作战计划。《孙子兵法》中的「五事」、「七计」、「兵者，诡道也」、「攻其无备，出其不意」等著名的军事原则，都是在这一篇中提出的。

第二篇《作战篇》，主要讲的是战争的动员和准备。孙子认为，战争应以速战速决为主，贵速胜而戒「久暴」。关于战前的

动员和准备问题，孙子在这一篇中主要讲了五个方面的内容。即：（一）战争费用的解决。要使军队给养充足，又要注意不要引起物价上涨、财政困难和百姓的贫困，否则将会影响整个战争的局势。（二）给养的来源和补充。给养从根本上影响着军队的战斗能力，必须重视。（三）注意协调好各国的关系，防止「诸侯乘其弊而起」。（四）激励士兵的战斗力。要通过赏罚等手段，激励士兵的士气和战斗力，鼓励他们奋勇争先。（五）战利品和俘虏的处置。战利品要妥为分配，对于俘虏也要善待。在这一篇中，孙子全面论述了人力、财力、物力对战争胜负的重要作用，提出了「兵贵胜，不贵久」和「因粮于敌」等著名的作战原则。

第三篇《谋攻篇》，主要讲的是智谋在军事斗争中的重要性，即以最小的代价获取战争的胜利。曹操对此篇的篇题解释说：「欲攻敌，必先谋」，可以说是一语切中要旨。用兵贵以「全」取胜，而不在于杀伐攻取，攻期于无战，战期于无杀，不动用武力而使敌人甘心屈服，达到斗争的目的，才是战争的最高境界。为了达到这一目的，首先必须在战前做好一切相关的准备，除了「知己知彼」之外，还要运用外交、经济、文化等一切手段，与敌人周旋。这就是「谋」的深意之所在。孙子在这一篇中还谈到了集中兵力和将帅如何用兵等问题，「全胜」、「上兵伐谋」等思想和「知己知彼，百战不殆」等军事规律，都是在这一篇中提出和论述的。

第四篇《形篇》，该篇和下一篇《势篇》讲的都是决定战争胜负的两种基本因素：「形」指具有客观、确定的因素，如战斗力的强弱、战争的物资准备等；「势」指主观、易变和带有偶然性的因素，如兵力的配置、士气的勇怯等。这一篇中，「先为不可胜，以待敌之可胜」是篇旨。孙子认为，战争的结果是可以预见的，战争的胜利有其物质基础，如土地、人口、物资等条件，战争中无论进攻还是防御，这些都是要认真考察的军「形」。通过在对这些物质基础的考察，考察者可以做出战争形势的基本判断，以求充分发挥自己的优势，创造打击敌人的有利条件，并不失时机地攻击敌人的薄弱环节，以使自己立于不败之地。

第五篇《势篇》，该篇紧承上篇，论述了客观条件具备之后如何通过高超的指挥艺术，通过灵活的战术变化和正确的兵力使

用而赢得战争。在这一篇中，孙子详细地剖析了『奇』与『正』在战争中的应用。他认为，『战势不过奇正』，『奇』与『正』的变化无穷，谁如果善于把握和运用其中的规律，谁就能够赢得战争的主动权。战争中的形势并不是固定不变的，有利和不利的形势总是处于不断的转化之中，战争的指挥也要根据实际情况灵活变化，以在敌我对比中创造出有利于我方的优势。同时，因为战争的形式瞬息万变，所以孙子强调进攻的突发性和爆发性，要有爆发的山洪、张满的弓弦、离弦的箭头一样，具有势不可挡的气势和力量。『战势不过奇正』是这一篇的核心和主旨。

第六篇《虚实篇》，『奇正』和『虚实』是战争中两个最主要的『诡道』，上一篇讲了『奇正』，这一篇主要讲的是战争中如何利用『虚实』，通过分散集结、包围迂回等手段，造成预定会战地点上的我强敌劣，如何通过示『形』欺骗敌人，调动敌人而不被敌人所调动，最后取得战争的胜利。主动权是决定战争胜负的主要因素，谁赢得了战争的主动权，谁就能够进退自如，取得战争的胜利，这就是『善战者，致人而不致于人』的道理。为了夺取战争的主动权，孙子认为，在作战原则上要用『我专敌分』的办法，通过迷惑敌人、扰乱敌人、分散敌人的力量，集中自己的优势兵力打击敌人；要善于调动敌人，使敌人就我之范，以掌握战争的主动；还要『形人而我无形』，善于隐藏己方的意图和战略部署，使敌人『深间不能窥，智者不能谋』，完全落入我方的掌控之中。赵本学说：『此篇语意杂出，约而言之，不过教人变敌之实为虚，变己之虚为实』，对于本篇篇旨的概括可谓一语中的。

第七篇《军争篇》，本篇讲的主要是战争的主动权应如何争取的问题。孙子认为，『军争』是一件非常不容易的事情。首先，将帅从接受命令开始，到动员民众组织军队，再到两军对垒，都需要认真地调度、组织和筹划。其次，『军争』还是一件很危险的事情：挟带全部辎重去『争』，就不能及时到达，需要抛弃辎重；抛弃辎重，轻装前进，昼夜兼程，将帅就有被俘的危险。所以，『军争』必须要认真筹划。为了争得战争的主动权，孙子认为，应当采用灵活多变的战略战术，迷惑敌人，欺骗敌人，以造成敌人的错觉，

抓住有利战机，争取自由和主动。在这一篇中，孙子提出了『治气』、『治心』、『治力』、『治变』等军争的方法，提出了『兵以诈立，以利动，以分合为变』和『避其锐气，击其惰归』等军事原则。该篇中详述了用兵的一些具体原则和方法，所以茅元仪说：『真实用兵，尽此一篇。』（《武备志》卷十一，《孙武子兵诀评·军争第七》）

第八篇《九变篇》，讲的是将军根据不同情况采取不同的战略战术，灵活运用各种军事原则。孙子认为，要灵活地运用和变化战术，首先，要对各种条件权衡利弊，分别对待，根据实际情况决定自己的行动部署，要做到有所为有所不为，明白『涂有所不由，军有所不击，城有所不攻，地有所不争，君命有所不受』的道理。其次，在不同的条件下，要能够灵活地利用地形的优势，因地制宜，采取不同的战术。再次，为将者要避免『五危』，即：鲁莽拼命，会被杀死；贪生怕死，会被俘虏；暴躁易怒，会被轻视而发怒上当；过度洁身自好，会因别人的侮辱而上当；过度爱护人民，会因保护百姓而使军队疲敝。因此，将领必须全面地考虑问题，思考问题时『必杂于利害』，努力克服自身性格上的缺点，以权衡轻重，化险为夷。

第九篇《行军篇》，讲的内容包括如何行军、宿营、作战的组织与指挥，如何利用地形与外在条件以及观察敌情等问题，重点论述的问题主要有三个：（一）『处军』，即军队行军作战中在不同的地形应采取的不同战术处置方法和原则。军队行军宿营时，会遇到山岳、川泽、平原等不同的地形，经过的道路也有水路、险易等区别，对于这些不同地理条件的判断和选择是重要的，以力争借『地之助』，取『兵之利』；（二）『相敌』，即准确地察明敌情，掌握敌人的动静规律。军队所遇到的敌人，有动静、进退等不同的状态，有障蔽、疑似等诡计的使用，还有治乱、虚实等各种不同情形，对于这些，要注意侦查，以采取不同的应对措施，以做好应敌迎战的准备。（三）『令之以文，齐之以武』，即治理军队要赏罚得当、军纪严明。将帅要爱护兵卒，严明纪律，平时要有教育，战时要有威信，强调要用法令统一军队的行动。

第十篇《地形篇》，主要论述不同种类的地形与作战的关系，以及不同地形下的行动原则和相应的战术要求。在这一篇中，孙子主要分析了六种地形地貌，即『通者』（我可以驻，敌也可以来的地形）、『挂者』（容易前往而难以返回的地形）、『支者』（我出击不利，敌出击亦不利，敌我相持难下的地形）、『隘者』（两山间的峡谷地带）、『险者』（地形险要狭窄的地方）和『远者』（敌我相隔遥远，运输和行军都不便的地形），并提出了不同地形的不同作战原则，要求将领要正确了解和掌握六种地形的不同特点，以便灵活自如地利用和处置它们。在这一篇中，孙子还根据官兵的不同素质和状态，提出了『六败』的思想。所谓『六败』，即『走』（以一击十）、『弛』（兵强将弱）、『陷』（将强兵弱）、『崩』（小头目被主帅激怒，不服从指挥，遭遇敌人时，因心存怨愤而擅自为战，将领不了解他们的本领又不能加以控制）、『乱』（将帅软弱，治军不严，教导不明，军队没有纪律，部署杂乱无章）、『北』（将帅不能判断情况，以寡敌众，以弱击强，指挥作战不会组织突击力量）。孙子认为，造成这些军事上不利局面的原因，并不是『天之灾』，而是为将者的过错，因此提出要善待士兵，『视卒如婴儿』，『视卒如爱子』。

第十一篇《九地篇》，所谓『九地』，是依『主客』形势和深入敌方的程度等划分的九种作战环境，在不同作战环境下要相应采取不同的战术要求。这九种地理环境是：『散地』（诸侯在自己的国境内作战）、『轻地』（进入别国境内不深的地区）、『争地』（我军占据它有利，敌军占据它也有利的地区）、『交地』（我军可以去敌军也可以去的地区）、『衢地』（先到达并且能够得到他国援助的地区）、『重地』（深入敌人国境，背后又有许多敌人城镇的地区）、『圮地』（行军在高山、森林、险阻、潮湿低洼等难以通过的地区）、『围地』（进军道路狭窄，返回道路绕远，敌人用少数兵力即可击败我大部队的地区）和『死敌』（迅速奋勇作战就能生存，不迅速奋勇作战就会死亡的地区）。孙子认为，要取得战争的胜利，必须采用灵活主动的作战方法，进入不同的地理环境时要采取不同的方针和策略，遇到不同的情况时要应用不同的作战方针。在这一篇中，孙子提出了『始如处女』，『后如脱兔』，攻其无备，出其不意的战略原则，『并敌一向』，集中兵力，攻敌弱点，改变敌我态势的战术方法，主动灵活，『践墨随敌』，根据敌情变化『以决战事』的指挥技巧，『佯顺敌意』，诱使敌人进入我军圈套的诱敌计谋，『能愚士卒之耳目，使之无知』的统帅权术等。

第十二篇《火攻篇》，讲的是以火助攻种类、条件及实施方法等。孙子说，凡是打算用兵者必须懂得『五火之变』，认为作战时可以根据不同情况灵活地运用火烧营寨、火烧积蓄、火烧辎重、火烧仓库、火烧粮道等火攻战法。随后，孙子论述了时日、风力、风向的利用以及实行火攻和预防火攻的各种方法和原则。此外，孙子还提出了水攻的战法，并认为水攻与火攻相比具有一些明显的局限。在这一篇中，孙子还提出了『主不可以怒而兴师，将不可以愠而致战』的原则，告诫统治者和军事将领发动战争要慎重，不能妄动干戈。

第十三篇《用间篇》，该篇论述了军事斗争中间谍使用的重要性以及各种间谍的使用方法。孙子认为，事先了解敌情，是取得战争胜利的前提，而要取得敌人的情报，就必须使用间谍，否则就会劳民伤财，耗费巨大。在这一篇中，孙子提出了五种间谍可以使用，即『乡间』（借助敌国百姓为我所用）、『内间』（借助敌方官吏为我所用）、『反间』（借助敌方间谍为我所用）、『死间』（散布假消息故意让敌方间谍知道以将假情报传给敌人）和『生间』（我方派出的能够回来报告敌情的间谍），并对任用间谍的意义进行了详细的阐述。

《孙子兵法》是一个非常全面完整的体系，它从哲学理念的层面，来观察战争现象，揭示和探讨战争的一般规律，提出了一系列指导战争的具体而科学的方法。有学者认为，在理论结构上，孙子十三篇大体可以分为两部分：一是先胜理论，包括《计篇》、《作战篇》、《谋攻篇》和《形篇》四篇，重点阐述了战前准备的问题，提出了重战慎战、未战先算、伐谋伐交、有备无患、五事七

计、修道保法等一系列理论观点，其中心思想是「计利任势」，努力造成军事实力及布势运兵上的绝对优势，最佳理想境界是「不战而屈人之兵」。二是战胜理论，包括《势篇》以下的九篇，主要论述了战争实施方面的原则和方法，比如「奇正」、「虚实」、掌握主动权、「因敌制胜」、利用地形地势、火攻和用间等。这种划分是有一定道理的。为了揭示军事物内部的矛盾和对待关系，《孙子兵法》中提出了一整套反映军事理论认识对象的范畴，如「天」、「地」、「将」、「法」、「治乱」、「勇怯」、「赏罚」、「虚实」、「奇正」、「专分」、「久速」、「迂直」等。《孙子兵法》精辟地阐述了诸范畴之间的相互联系，以及对偶性范畴间相克相生的关系和主要范畴与次要范畴之间的相互制约的关系。这些思想、原则和范畴，都对后世的军事理论和实践产生了重要的影响。

二、《孙子》的社会作用

作为一部兵书，《孙子》产生于战乱不断的春秋战国时期，这部著作最直接的目的，是为了指导战争的实践。在中国漫长的封建社会里，由于统治者之间的权力之争或者被压迫者对压迫者的反抗，大大小小的战争既频繁而又惨烈。在这些战争中，借鉴前人的军事技术、军事理论和军事经验是提高指挥能力赢取战争胜利的一条快捷方式，兵书就是保存、传播这些技术、理论和经验的最主要的载体。在中国古代浩如烟海的兵书中，《孙子兵法》作为其中产生最早、内容最精辟、最具理论科学性和实践针对性的一部，在各代都备受重视，发挥着主要的作用，其作用甚至超出了军事领域，在政治、文化、科技、医学等领域中产生了重要影响。唐太宗李世民说：「观诸兵书，无出孙武」，认为古代众多的兵书中，没有一本超过《孙子兵法》。明朝的茅元仪说：「前孙子者，孙子不遗，后孙子者，不能遗孙子。」认为比孙子早的兵书，其中的精华《孙子兵法》都吸取和包含了，而孙子以后的兵书，没有能够超越孙子的基本范畴的。从古人对《孙子兵法》的评价中，我们就可发现他们对这部「兵学之祖」的重视和偏爱。这里，我们主要讨论《孙子兵法》在军事上的意义。概括来说，《孙子》在军事领域的作用主要体现在以下几个方面：

第一，指导军事斗争的实践。同其它兵书一样，《孙子》也是来源于战争的实践，其直接的目的也是指导战争实践，以赢取战争的胜利。我国许多以少胜多、以弱胜强的战役中，许多军事家的经典战例中，都可以看到《孙子兵法》的影子。这里仅略举几例：

楚汉战争时，公元前205年，彭城一战，刘邦惨败。五月，占据河东地区的魏王豹趁机于反汉附楚，直接威胁汉军的侧翼安全。八月，刘邦派韩信与灌婴、曹参等攻魏。魏王豹料定汉军必从临晋（今陕西大荔东）渡黄河，遂率主力在蒲阪（今山西永济西）组织防御，扼守以待汉军。韩信将计就计，调集船只，假装要从临晋渡河，自己却暗率主力至上游百里的夏阳（今陕西韩城南），以木罂（一种简易的渡河工具）偷渡过河，一路势如破竹，连克东张（今永济北）、安邑，直逼魏军侧后。魏王豹仓促应战，一触即溃。韩信率军追击，在东桓（今山西垣曲东南）俘虏魏王豹，继攻取魏都平阳（今山西临汾西南），尽占魏地。这一役，韩信运用了《孙子兵法》中「形人而我无形」的战略思想，在临晋渡口佯装渡河，而自己却偷偷地取道夏阳，出其不意，攻其不备，从而一举大败魏军。

韩信所指挥的另一场经典战役——井陉破赵之战，也充分体现出他对《孙子兵法》的深刻领悟和灵活运用。公元前204年，韩信奉刘邦之命于井陉一带迎敌赵军。当时，敌我力量对比悬殊，形势极为严峻。韩信审时度势，打破常规，一面挑选精兵截断敌人后路，一面又派军队越过井陉口，到绵蔓水东岸背靠河水布阵。第二天，两军交战，背水结阵的汉军士兵看到前有强敌，后有水阻，无路可退，只能拼死一战。全军上下勇猛无比，一鼓作气杀败赵军，大获全胜。胜利之后，有人问韩信：「将军令我们背水为阵，这显然违反了兵家之大忌，为什么竟然取得了胜利呢？」韩信说：「我这样做是出自兵法的。兵法上说：『陷之死地而后生，置之亡地而后存』。两军对垒之时，稍有不利，有的士兵就可能想到逃命。而置之死地之后，兵士们无路可退，便会拼死作战。这就是我们取胜的原因。」于是「众将皆服」。（《史记·淮阴侯列传》）韩信这里所说的「陷之死地而后生，置之亡地而后存」，其实就是《孙子兵法》中所说的「投之亡地然后存，陷之死地然后生」。

东汉建安三年（公元198年）三月，曹操急于消灭张绣、刘表联合势力，率军南征张绣，包围张绣于穰城（今河南邓州）。不久，曹操闻悉冀州牧袁绍的谋士田丰劝袁绍趁虚袭取许都（今河南许昌东），欲迎取献帝，「挟天子以令诸侯」，于是穰城解围，曹操仓惶北归。张绣闻讯后乘机率众尾随追击。五月，荆州刘表遣兵援救张绣，屯驻于安众（今河南邓州东北），凭险固守以扼曹操归路，欲与张绣夹击曹军。曹操军至安众，前后受敌，不得前进。在此情势下，曹操巧施计谋，利用夜暗「凿险伪遁」，令士卒连夜开凿地道，撤出辎重，示弱伪逃，并暗中设下埋伏，以待张绣来追。张、刘误以为曹操已经败逃，遂率全部兵马追来，进入伏击圈后，曹操挥军回师，配合伏兵夹击，奇兵骤出，步骑夹攻，大败张、刘联军。事后，曹操在回答荀彧时说，张绣的失败在于「遏吾归师，而与吾死地战」（见《三国志·魏书·武帝纪第一》）。显然，曹操此役是灵活运用了《孙子兵法》中的「归师勿遏」和「置之死地而后生」等原则，从而一举取得胜利。

伟大的革命家、军事家、政治家毛泽东早年曾经读过《孙子兵法》等中国古代兵书，并在中国革命中自觉将其中的理论应用于对敌的军事斗争。在解放战争的战略反攻和战略决战中，他就充分运用了《孙子兵法》中「择人」和「任势」的思想。两者都具备了，才能使部队的战斗力得到充分发挥。在「择人」方面，他任命满腹韬略、具有杰出军事指挥才能的刘伯承为战略反攻的先锋，出奇兵千里跃进大别山，拉开了战略反攻的序幕。他又任命在东北有丰富作战经验的林彪、罗荣桓指挥辽沈战役，赢得了战略决战的开门红。善于「择人」，正确地选择将领，成为战略反攻和战略决战取得胜利的重要前提。「造势」方面，在战略反攻中，刘邓大军跃进大别山，建立了稳固的根据地，陈赓、谢富治率军挺进豫陕鄂边区，陈毅、粟裕率军进攻豫皖苏地区，三路大军构成互为犄角，互相策应，构筑了一个稳定、坚固的阵势。这种有利的战场态势的形成，使反攻有了必胜的把握。同时，中原为南京和武汉的凭翼，进攻中原，乃是「攻其所必救也」，正刺中了国民党政府的痛处，国民党军队回兵救援，我军山东、陕北战场

的压力和其它战场的压力就减轻了，改变了整个战争的攻守态势，并威胁到国民党统治的心脏，从而成为整个解放战争的转折点。毛泽东的这一伟大战略，正是发挥了《孙子兵法·势篇》「故善战者，求之于势，不责于人，故能择人而任势」的思想。

在中国历史上，以《孙子兵法》为指导的战例举不胜举，这里不再一一列举。总之，《孙子兵法》在中国的战争实践中，发挥了极其重要的作用。

第二，作为军事素养和技能培养的教材。东汉末年的曹操说：「吾观兵书战策多矣。」明代著名抗倭将领戚继光说：「兵之有法，如医之有方，必须读习而后得，但敏智之人，自然因而推之，师其意不泥其迹，乃能百战百胜，成为名将。盖未有不习一法，不识一字，不一事，而辄能开阖变化运用无穷者。」（《练兵实纪·练将》）明代唐万龄说：「读书而不能为名将者有矣，未有名将而不读书者也。」（《闲暇清论》）他们所说的都是同一个道理，即如果要成为一个优秀的将领，必须研读前人留下的著述，因为其中所记载的原则、方法、技术都是多年总结的经验，其中的经验和教训都是历经无数血与火才总结出来的。书本知识的学习和军事斗争的实践一样，都是获取军事知识，提高军事技能的有效途径。况且，由于战争实践的特殊性和残酷性，许多优秀的军事指挥员和战斗员，都是首先通过书本从前人那里来取得军事技能和经验的。无论是在将帅的培养还是士卒的训练，兵书都具有重要的作用，而这其中，《孙子兵法》又是一部无与伦比的好教材。

首先，《孙子》是培养将帅的好教材。不但一些军事家自身看到了《孙子兵法》对于提高自身军事素养的作用，而且一些有远见的政治家也主动要求其手下的将领以此为教材，提高军事技能和素养。汉朝时候，《孙子兵法》的价值已经为政治家和军事家所重视，《史记·卫青霍去病列传》记载，汉武帝曾要求霍去病读孙、吴等古兵法，东汉初年的大将军冯异也是「好读书，通《左氏春秋》、《孙子兵法》」。三国时期，东吴主孙权曾要求其大将吕蒙、蒋钦等「急读《孙子》、《六韬》、《左传》、《国语

及三史』等古代兵书和军事相关著作。当吕蒙借故军中事务繁忙进行推脱时，孙权又以自身为例子进行循循地诱导。（《三国志·吕蒙传》裴松之注引《江表传》）南朝梁时，羊侃『尤好……孙、吴兵法』，积极从《孙子》等书中寻求智慧。唐太宗李世民常常与手下的将领探讨《孙子兵法》等兵书和军事技术和经验，他与大将李靖讨论兵事的言论，被后人整理成《唐太宗李卫公问对》一书，为中国的兵学宝库的丰富做出了一份贡献。中唐时期的著名将领马燧父子都很重视对《孙子兵法》等军事著作的学习，『父季龙，尝举明孙、吴，倜傥善兵法』，子马燧也是『沉勇多智谋，该涉群书，尤善兵法』。（《旧唐书·马燧传》）宋朝的著名爱国将领岳飞少年时期『家贫力学，尤好……孙、吴兵法』，熟练的掌握了《孙子》中的战略战术，并在抗金的战场上进行了充分的运用和发挥。

其次，《孙子》是训练士卒的好教材。士卒的训练，应当有教材作为指导，作为军事经验总结的兵书，如《孙子兵法》等，历代都经常被作为训练教材使用。东汉时候，政府就立下制度，『立秋之日，……兵官皆肄孙、吴兵法，六十四阵。』（《后汉书·礼仪志》）明代的抗倭名将戚继光非常重视《孙子》等古兵书在军事训练中的作用，他的《练兵实纪》是其在蓟镇练兵的真实记录，在其中，他列举了军事训练中应学习的书目，并提出了具体的学习方法，其中就包括以《孙子》为代表的《武经七书》。他说：『无分于武弁也，无分于草莱也，无分于生儒也。遴其有志于武者，群督而理之，首教以立身行己，捍其外诱，明其忠义，足以塞于天地之间，而声色货利，足以为人害，以正其心术。其所先读，则《孝经》、《忠经》、《语》、《孟》白文、《武经七书》白文，次第记诵，其所先讲，则《孝经》、《忠经》、《语》、《孟》、《武经七书》，毋牵意解，不专句读。每一章务要身体神会。其义庸有诸身乎？其理果得于心乎？拟而研之，研而拟之，由恍惚而得，由得而复恍惚。』明清时期，对于《孙子》作为军事训练教材的作用一直比较重视，吕坤在万历二十年（1592年）提督雁门等关、兼巡抚山西地方都察院右佥都御史时，『为振刷边务，以固疆防』而撰写的一部军事著作《安民实务》中，规定『除孙武子人人习读外，其余六书（《武经七书》中的另外六部，即《吴子》、《司马法》、《尉缭子》、《六韬》、《三略》、《唐李问对》），及一切名家著述，令之各习一部；除《百战奇法》、《行军须知》，人人精晓外，其余战攻守御诸法，立为标式，令之体验。』并规定要对此进行考试，『所习书内，任问几条，令之讲说；任摘几法，令之试演。』

再次，《孙子》是教授武生、武举考试的好教材。宋代开始，为了防备内忧外患，学校教育中已经开始兴建武学，并在科举考试中设武举，用以培养和选拔优秀的军事人才。北宋元丰三年（1080年），宋神宗为了训练武生和武举取士的需要，从当时传世的200多种兵书中，钦定了《孙子》、《吴子》、《六韬》、《司马法》、《三略》、《尉缭子》和《唐李问对》等七部，命令有关部门重新校订，『镂板行之』（《续资治通鉴长编》卷303），作为武学的基本教材。从此《孙子兵法》等兵书得到了更为规范的流传，直至明清而相沿不改。宋代选拔军事人才的武举考试之中，《孙子兵法》是必考科目。1078年颁定的《大小使臣试弓马艺业出官法》中规定，对于孙、吴等武经『义十通七』者为第一等，『十通五』者为第二等，『十通三』者为第三等；1129年政府下诏，武举都要『附试《七书》义五道』；1156年又下诏说『凡武学生，习《七书》兵法，步骑射』（《宋史·选举志》），可见宋朝政府对于《孙子兵法》等古代兵书的重视。明清时代也大力提倡阅读《孙子兵法》，并作为选拔军事人才的依据。洪武十三年（1397年），明太祖朱元璋下诏，『俾军官子孙耕读讲武，通晓者临朝试用。』（刘寅：《武经直解·序》）清代的康熙皇帝也曾经下诏，把『武经三子』（即《孙子》、《吴子》和《司马法》）定为武举考试的科目。

优秀的军事人才不是天生的，必须经过一定的培养和历练，在中国古代军事人才的培养、训练和选拔中，《孙子兵法》的重要作用是不容抹煞的。

第三，保存和传播军事经验和知识。《孙子兵法》之所以能够成为指导战争实践的宝典和训练军事人才的教材，就在于它保存了古代许多优秀的军事经验和知识。任何知识都是在前人总结和研究的基础上不断积累的，军事知识也不例外。《孙子兵法》不但是孙武生活的时代的战争经验的总结，而且是它以前的各个时代军事经验积累的结果，《孙子兵法》对于保存这些经验和知识，起着重要的作用。直至今天，其中的许多军事原则和方法，仍然具有重要的指导作用。毛泽东在《论持久战》中曾经说：『战争不是神物，乃是世间的一种必然运动，因此，孙子的规律，「知彼知己，百战不殆」，乃是科学的真理。』当然，《孙子》中可以成为科学的真理的论述不止『知己知彼，百战不殆』这一条，其中的许多论述，至今都仍然发挥着智慧的光芒。《孙子兵法》不但是古代军事经验保存的载体，而且还是这些经验和知识传播的媒介，它不但使一些军事原则在中国家喻户晓，并且远远超出了军事的领域，而且还使中国的军事科学和技术远播海外，在世界范围内产生着重要的影响。例如，美国前总统尼克松所写的《1999——不战而胜》中，多处引用了孙子的语录。西方20世纪许多著名的战略学家，如约米尼、利德尔·哈特、柯林斯等，也都对《孙子兵法》非常推崇。

以上我们着重从军事的角度对《孙子兵法》的社会作用进行了分析，其实，《孙子兵法》的社会意义远远超出兵法本身，它在哲学、管理、政治甚至医学等领域都有着重要的影响。有学者认为，作为一种文明形态，《孙子兵法》是跟我们的生活息息相关的，它所包含的思想内容犹如大海，是永远取之不尽、用之不竭的源泉。这的确可以作为对《孙子兵法》的社会作用的一个精确的概括。

三、《孙子》的现代价值

《孙子兵法》的现代价值，在军事领域和非军事领域仍然得到体现。

美国著名学者波拉克曾经说，孙子是军事史上最负威名的思想家之一。他的思想不但在中国，而且对中国之外的许多国家，都有很大的影响。《孙子兵法》对军事战略提出了很概括的见解，它的内容是许多不受时间限制的作战指导原则，而不是应付种种具体情况的详细的建议和忠告。从这个方面说，它是名副其实的兵典，学者和军人总能从中获得教益。英国军事理论家利德尔·哈特也说，在导致人类自相残杀的、灭绝人性的核武器研制成功之后，更需要重新和更加完整地读《孙子兵法》。从他们的论述中我们可以看到，在现代战争条件下，《孙子兵法》重要的战略价值仍然被人们所普遍重视。

孙子一向强调『慎战』，他说：『兵者，国之大事，死生之地，存亡之道，不可不察也。』『亡国不可以复存，死者不可以复生。故明君慎之，良将警之。』认为战争是关系军民生死、国家存亡的大事，应当慎之又慎。他又说：『无恃其不来，恃吾有以待也；无恃其不攻，恃吾有所不可攻也。』任何战争都必须做好充分的准备。战争是不可避免的历史现象，国家要统一，外侮要抵御，这些都要导致战争，所以孙子并不否定战争。但是，他反对穷兵黩武，反对动辄以兵戎相加来解决问题。在现代高科技条件下，战争具有更大的摧毁性和破坏性，孙子的『慎战』思想，对于战争的决策，无疑具有重要的指导意义。

《孙子兵法》中的战略战术思想，今天也受到世界各国的重视，并发挥着重要的作用。海湾战争期间，美军自觉地用《孙子兵法》中的思想指导作战的报导曾经吸引了很多人的注意。这其中，由于出于对中国文化的偏爱，国内的许多报导存在着夸张和不实的成分，这一点受到了许多专家的批评。但这一现象本身，充分说明了《孙子兵法》在今天所受到的关注，并且其中许多消息的来源，是源于美国本土。1990年12月16日，《波士顿环球报》副主编格林的一篇题为《孙子的弟子》的文章，发表在《华盛顿邮报》上。作者提醒当时的美国总统老布什注意阅读《孙子兵法》，以便从中获取解决海湾危机的科学指导。他以幽默的笔调写道：『在中国历史上出现了一本名叫《孙子兵法》的书。2000多年来，书的作者在战争问题上的远见卓识，影响了军事计划者和军事思想家。我愿意想象布什总统的床头柜上有一本《孙子兵法》，并且不时阅读它，以便在海湾危机中对他加以指导。在我的想象中，我看到，

孙子的一些话已经被标了出来，并且还在书页边上作了一些批注。』，在文中，作者引用了11句孙子的名言，并结合当时海湾危机的局势，逐条进行了解释，提出了相应的处理办法。另据1991年1月22日的《华尔街日报》报导，海湾战争打响前夕，美国海军陆战队司令阿尔弗雷德·格雷将军指定《孙子兵法》为所有陆战队官兵的必读书，海军陆战队的官兵都在认真研读《孙子兵法》。『在沙漠中的帐篷里，或在待命的军舰上，他们展开了热烈的讨论。有一位军官匆忙出征沙特，忘记了带上《孙子兵法》，他便给妻子写信，让她把书从国内航寄到前线。』在消息中，记者评论说：『孙子颠倒了美国海军陆战队的神圣传统，比如，在敌人坚固的阵地前拼死作战，堆尸如山，孙子强调以谋克敌。以往，海军陆战队会对着敌人占据的山头冲锋，而孙子却告诫说：如果敌人先占据了险要地形，你就不要跟他一样，而应该撤退并用计将它引开。……负责制定陆战队作战计划的拉塞尔·萨顿准将说，「美军将尽力避免与伊军正面对抗，」这是纯粹的孙子兵法。』虽然这些文章多少有些夸张和润色的成分，也没有与官方档同等的可信度。但是，它们毕竟反映了美国人力图以《孙子兵法》来化解海湾危机的愿望。虽然我们不能因此来将《孙子兵法》神话，因此而沾沾自喜，但事实上，综观海湾战争的全过程我们就可发现，美军在海湾战争中的确在某些方面借鉴了孙子的思想，这恐怕不能仅仅归结为巧合。

在世界上的其它一些局部战争中，我们也可以看到孙子思想的影子，这里不再一一列举和分析。

在非军事领域，《孙子兵法》的应用更为广泛。日本的北村佳逸在所著的《孙子解说》中说：『自第二次世界大战，以至围棋胜败、垒球比赛、投机输赢、选举运动，甚至夫妻吵架——若把握《孙子》的精髓，我敢断然保证其必胜的。』近年来，把《孙子兵法》原理运用于体育竞赛、商业竞争、政治竞选、课堂教学、人际关系、医疗治病的例子不时出现，成功的案例比比皆是，相关文章不时见诸报刊，出版的有关书籍也很多。

将兵法运用于体育竞赛，我国古已有之，早在几千年前，孙武的后裔、著名军事家孙膑就留下了田忌赛马的有趣故事。从一定意义上说，体育竞赛领域与战争领域有非常多的相似性，体育竞赛理论许多都是从兵法理论中借鉴、移植而来的。在当今世界上，奥运会被认为是体育场上的战争，《孙子兵法》也大有用武之地。1988年汉城奥运会，我国体育代表团为每个运动队的官员、教练都提供有《孙子兵法》。国际足联的一位讲师给中国的教练员讲课，告诫教练和队员在比赛时要多动脑子，极力推荐大家看《孙子兵法》。无论是从理论研究还是从实践的角度出发，在体育竞赛中都可以运用《孙子兵法》中的智慧的力量来作为指导。

现代社会中成功运用《孙子兵法》的非军事领域，当属商业竞争和商业管理领域。商场如战场，在市场经济条件下，许多竞争的规律与战争规律都是相通的。人们通常把市场竞争称之为以市场为战场的『商战』。二者的区别仅仅在于，军事斗争中，敌对的双方以击垮乃至消灭对方为目的；而商业竞争中，竞争对手之间则以能否获得顾客更多青睐来决定胜负。尽管两者斗争的场地和性质都不同，但用兵之道与经营之道的目标都是相同的，都是为了决定胜负，优胜劣汰的残酷性，求胜的要求与途径也有极多类似之处。因此，深入领会与运用兵战的克敌制胜艺术，对于商战而言有许多可资借鉴之处。在商业竞争和商业管理中运用《孙子兵法》中提出的规律和哲理，这对面临新的挑战与机遇的企业与企业家来说，都是非常必要的。

在国内企业中，运用《孙子兵法》中的原理而制胜的例子非常之多。据有关资料，1987年，山东兰陵美酒厂产品积压，效益滑坡，经营面临困难。企业经过调查分析后认为，改革开放之后，人们的消费能力普遍提高，消费心理也向追求豪华高档发展。经过分析后，他们迅速调整方案，确立了向『优质、高档、低度』发展的战略，开发出兰陵美酒、特曲、特液等新产品，形成高、中、低三个档次、四大系列、三十六个品种的产品结构，当年经济效益就增加了1000多万元。1989年，由于经济的紧缩，人们的消费能力相对有所下降，高消费的心理开始回落，该厂又根据市场情况的变化，果断作出『控高扩普、以销定产』的决策。当时高档酒销量暴跌，一些名

优酒生产厂家纷纷出现经营危机，而兰陵酒厂的中低档酒却适逢其时，在市场上大为走俏，在省内外迅速形成了一股『兰陵热』。1990年，该厂再次根据对经济形势、市场走向进行的预测，认为白酒市场经过饱和、萧条之后，已渐趋复苏。于是，他们又制定了『全面提高产品质量，加快开发新产品』的调整方案，开发出兰陵陈香、特酿等五个新产品以及高档旅游系列产品，经济效益一举突破4000万元大关。兰陵美酒厂的成功，得益于对《孙子兵法》中『庙算』思想的灵活运用。

不但我国的企业自觉地运用《孙子兵法》中的原理和策略来指导企业的经营和竞争，《孙子兵法》也受到了美、日等国外许多企业家的青睐，吸取其中的精髓来作为自己的经营指导。在国外，最早把孙子军事谋略运用于企业管理的是日本人。日本东洋精密工业股份公司经理、兵法经营塾塾长大桥武夫出身于军人，于1951年接管濒临破产的小石川工厂，把它整顿、重组为东洋精密工业公司，几十年来一直生机勃勃，久盛不衰。其诀窍就在于用《孙子兵法》培训经营管理人员，把《孙子兵法》的某些思想引入企业管理之中。他所著《用兵法经营》一书，总结了他以兵法原理经营管理企业的成功经验，在日本企业界影响深远。日本的另一位著名企业家麦肯齐公司董事长大前研一也在企业管理中规范地运用中国的兵法思想，称《孙子兵法》为『最高经营教科书』，『有着取之不尽的战略思想。』

美国人对《孙子兵法》在企业经营中的运用也非常规范，对把孙子的军事理论运用于企业管理，也表现出浓厚的兴趣。美国哈佛大学管理学院把《孙子兵法》作为教科书，作为对商业类学生培养的基本教材。美国一些企业家采用了《孙子兵法》中的有关原理来指导企业经营，许多学者在所著的有关企业管理的著作中，也都自觉地将《孙子兵法》中的思想运用到经济管理领域。通用汽车公司董事会主席罗夫·史密斯自称自己的经营之道来自两千多年前中国的《孙子兵法》，并运用其中的理论对公司进行了大刀阔斧的改革。著名管理学家乔治在《管理思想史》中则强调：『你想成为管理人才吗？必须去读《孙子兵法》！』可见美

国的企业家和经济学家对《孙子兵法》的重视。

随着《孙子兵法》应用领域的拓宽，在国际上也兴起了一股研究和应用《孙子兵法》思想的热潮。与中国古代对孙子思想研究不同的是，这次研究热潮中的大量研究都是以非军事领域为目的的，这使《孙子兵法》思想的价值得到了更大更充分的发挥。

第二节 《孙子》中的军事思想

作为一部兵书，军事思想是《孙子》整个思想体系的核心和主干，其成书的直接目的，就是为了总结和阐述军事思想。《孙子》中的军事思想，博大精深，揭示了战争的基本规律，其中既有对商周以来军事知识的继承，又有春秋时期频繁战争经验的总结，是孙子对战争和军事斗争理性思维的结晶。总体说来，《孙子》中的军事思想涵盖了战略、战争和治军等方面的内容。

一、《孙子》中的战略思想

《孙子兵法》中，用了大量的篇幅论述了战争观念和战略原则。所谓战略，就是指导战争全局的计划和策略。《孙子》中的战略思想，主要包括慎战的基本战争态度、『不战而屈人之兵』的战略原则、重视战前的『庙算』以及提倡速战速决等几个方面。

孙子所生活的春秋时代，战争频繁，给人们造成了深重的灾难，反战、『非攻』是和孙子大约同时代的思想家老子、孔子、墨子等人的共识。作为一个军事家，孙武的基本思想是重战的，但是，他的重战并不是提倡频开战端，四处征伐，穷兵黩武，而是主张慎重地对待战争，也就是说，孙子的重战思想是和『慎战』思想结合在一起的。『慎战』，是他基本的战争观。

与儒家和墨家的思想家们不同，孙子的『慎战』思想并不是从战争的『正义』和『非正义』的规定和区分来论述的，他提出『慎战』思想的基本依据，是战争自身的残暴性以及战争对国家和民众的重要影响。整个《孙子兵法》的思想体系，都是在肯定其开篇所提出的『兵者，国之大事，死生之地，存亡之道，不可不察』的基本认识前提的条件下展开的。在《孙子·火攻篇》中有一段话，

说『夫战胜攻取，而不修其功者凶，命曰费留。故曰：明主虑之，良将修之。非利不动，非得不用，非危不战。主不可以怒而兴师，将不可以愠而致战。合于利而动，不合于利而止。怒可复喜，愠可复悦，亡国不可以复存，死者不可以复生。』这段话基本概括了孙子『慎战』思想的基本内容。首先，『夫战胜攻取，而不修其功者凶。』在孙子看来，发动一场战争之前不仅要考虑战争能否胜利，而且还要考虑到战争胜利后可能出现的情况以及是否有恰当的处置方法。一国的统治者在进行战争决策时，决不能仅仅看到战争能够取胜就盲目兴师，而不顾一场战争结束后可能引起的各种力量的对比变化以及战略格局演变对自己的长远利益所造成的影响。其次，『主不可以怒而兴师，将不可以愠而致战。』孙子强烈反对因『怒』、『愠』等情绪化的因素而轻启战端、挑起兵衅，国君不可因一时愤怒而发动战争，将帅也不可因一时气忿而出阵求战，否则，可能会造成严重的后果和难以挽回的损失。最后，『非利不动，非得不用，非危不战。合于利而动，不合于利而止』，这是采取战略行动的基本原则。在孙子看来，战争是否应当并不能仅凭一时的意气，也不是看它是否正义，而是应当『合于利而动』，即要以是否符合国家利益为根本标准。当时，孙子这里所说的『利』并不是对利益的狭意的理解，即眼前的根本利益，他所说的『利』是从长远、全局考虑的。即使发动一场战争能够获得一些物质利益，得到暂时的满足，但因此而影响了国家的全局和长远，也是不值得的，所以从这个意义上说，战争也必须慎重，要经过仔细的『利益计算』和科学的决策。孙子认为，军事斗争既有利益，当然也存在一定的危险，『军争为利，军争为危』，如果能够用政治谋略、外交智慧解决问题，就不要轻易诉诸武力；同时，国际之间的关系是复杂多变的，总有一些难以预料和把握的因素在里面，在决定是否发动一场战争之前，一定要防止出现『钝兵挫锐』，『屈力殚货』，让第三国『乘其弊而起』，导致『虽有智者，不能善其后』的严重后果。

《孙子》的这种战争观，与当时复杂的战略环境息息相关。春秋时代，周室衰微，诸侯混战，互相兼并。在一定的时期内，

有的国家崛起，有的国家衰落，总能保持暂时的相互制约下的平衡。这种战略环境下，各诸侯国之间相互都是现实的或潜在的竞争对手。对于任何一个诸侯国来说，对手都不止一个，构成了复杂交错的多边关系，牵一发而动全身。每一个国家都是潜在的敌人，是敌是友常常会因时、因地而变化，从而更增加了局势的复杂性和不确定性。竞争中任何一方战略竞争行为的成败，都可能导致整个战略格局的失衡。在如此复杂的形势下，斗争艺术显得极为重要，有的人可能会出力招损，而有的人却能借力获益。因此，孙子选择『慎战』作为战争的基本指导思想，是具有高超的判断能力和过人的战略眼光的。

即使通过判断不得不采取对立的态度，进行尖锐的斗争，孙子认为，也首先应当考虑采取『不战而屈人之兵』的『全胜』策略，即追求以最小代价取得最大的胜利。《孙子兵法》中说：『凡用兵之法，全国为上，破国次之；全军为上，破军次之；全旅为上，破旅次之；全卒为上，破卒次之；全伍为上，破伍次之。是故百战百胜，非善之善者也；不战而屈人之兵，善之善者也。故上兵伐谋，其次伐交，其次伐兵，其下攻城……必以全争于天下，故兵不顿，而利可全。』（《孙子·谋攻》）意思是说，战争的原则是：使敌人举国投降是上策，击破敌国就次一等；使敌人全军投降是上策，击破敌军就次一等；使敌人全旅投降是上策，击破敌旅就次一等；使敌人全卒投降是上策，击破敌卒就次一等；使敌人全伍投降是上策，击破敌伍就次一等。所以百战百胜，不是好中之好；不通过武力就使敌军投降，才是好中之好。孙武认为，消灭敌人并不是上策，能不动一兵一卒，就使敌人降服才是上策，在孙子看来，只要各方面准备就绪，有压倒对方的力量，并造就了『若决积水于千仞之溪者』的形势，就可不经过交战而使对方屈服，不经过强攻而占领对方的城堡。这才是损失最小而利益最大的胜利，即所谓『必以全争于天下』使『兵不顿而利可全』，这才是用兵的最高境界。

孙子非常重视战前的准备，在战争之前，要清楚掌握敌我双方的基本情况和战争的基本规律。他说，战争必须要『经之以五事，

校之以计，而索其情：一曰道，二曰天，三曰地，四曰将，五曰法。』意思是说，要通过五个方面的横向比较，得到详情，哪五个方面呢？一是道，二是天，三是地，四是将，五是法。而所谓『校之以计，而索其情』，就是要弄明白『主孰有道？将孰有能？天地孰得？法令孰行？兵众孰强？士卒孰练？赏罚孰明？』等七个问题。只要这七个问题弄清楚了，战争的胜负也就基本可以做出判断。

孙子重视战前的准备，另一个基本的表现就是他对『庙算』的强调。《孙子兵法》特别强调要『未战而庙算』，即在庙堂上举行会议，筹划战争的进程和胜负。《计篇》中说：『夫未战而庙算胜者，得算多也；未战而庙算不胜者，得算少也。多算胜，少算不胜，而况于无算乎！』这句话意思是说，未打仗之前就预计能够获取胜利的，是因为筹划周密，获胜的条件多；未打仗之前就预计不能取胜的，是因为筹划不周，获胜条件少。筹划周密，条件充分就能取胜；筹划不周密，条件不足就不能取胜，更何况不作任何筹划呢？可见，在孙子看来，『未战而庙算』对战争胜负起着决定性的作用，『庙算』好，就能胜敌；『庙算』不好或根本没有『庙算』，则注定要失败。孙子在《九地篇》又说，『厉于廊庙之上，以诛其事』，强调作战计划一定要反复计议，确保谋划周密后才能进行战争。可见『未战而庙算』是十分重要的，它可以通过分析客观和主观的条件，定出作战的周密计划，尽量避免不必要的损失，从而为胜利奠定坚实的基础。

孙子强调，在『庙算』的基础上，还要做好各个方面的准备工作。《形篇》中说：『昔之善战者，先为不可胜，以待敌之可胜。不可胜在己，可胜在敌。故善战者，能为不可胜，不能使敌之必可胜。』又说：『故善战者，立于不败之地，而不失敌之败也。是故胜兵先胜而后求战，败兵先战而后求胜。』这两段话的大体意思是：善于打仗的人，先使自己不可被战胜，以等待战胜敌人的机会，不能被战胜，在于自己；能否战胜敌人，在于敌人那一方；善于打仗的人能够使自己立于不败之地，而不能使敌人一定会被我军战

胜；善于打仗的人，自己处于不被战胜的境地，而不会放过任何击败敌人的机会，所以打胜仗的部队是在掌握了胜利条件之后才投入战斗，打败仗的部队先投入战斗，才寻求胜利的条件。后人对这两段话的注解是：『夫善用兵者，守则深垒，多具军食，善其教练；攻其城则尚撞棚云梯，土山地道；陈则左川泽，右丘陵，……为不可胜也。』（李筌注）『审吾法令，明吾赏罚，便吾器用，养吾武勇，是立于不败之地也。』（张预注）可见，孙子在这里所强调的，就是要做好战前的充分准备。

孙子战略思想的另一个非常突出的特点，就是主张掌握战争的主动权，提倡先发制人，认为打仗不能被动而打，必须自己主动进攻，即『致人而不致于人』。孙子说：『善战者，致人而不致于人』（《孙子兵法·虚实篇》）。意思是说，在战争中要调动别人，不要被别人所调动，就是要把主动权掌握在自己手上，这是一切战争制胜的最关键的原则。为了达到『致人而不致于人』的目的，孙子认为，首先，要察明敌人的情况和行动规律，即所谓『形人而我无形』。其次，要善于掌握时机，以逸待劳。《虚实篇》中说：『凡先处战地而待敌者佚，后处战地而趋战者劳。』先到达战地等待敌军的部队，精力充沛，后到达战地马上投入战斗的部队，精力疲惫。而此时，正是抓住主动权消灭敌人的大好时机。第三，要事先做好准备，有备无患。『故用兵之法，无恃其不来，恃吾有以待之。』（《孙子兵法·九变篇》）这里提出的用兵原则是：不抱敌人不会来的侥幸心理，而依靠我方的准备充分，等待敌人来；不抱敌人不会攻击的侥幸心理，而依靠我方稳固的防御，能够不被攻破。最后，要雷厉风行，行动迅速。『兵之情主速，乘人之不及，由不虞之道，攻其所不戒也。』（《孙子兵法·九地篇》）在这里，孙子主张的是，军事的情况主张速度，趁敌人来不及防备，从没有意料的地方，在没有防备的时间，攻击敌人。总之，在打击敌人时，只有在整体的战略战术上抢占先机，掌握主动权，才能使敌人陷于被动，取得战争的胜利。

在战略安排上，孙子提倡使用速决战，强调『兵贵胜，不贵久』，认为战争应该速战速决，以最短的时间取得最大的战果，

实现战争的目标，断言『兵久而国利者，未之有也』。孙子之所以主张速决而反对持久，这是因为，春秋时期，各诸侯国的物产和人口都非常有限，而且诸侯林立，战争频繁。『其用战也，胜久则钝兵挫锐，攻城则力屈，久暴师则国用不足。夫钝兵挫锐，屈力殚货，则诸侯乘其弊而起，虽有智者，不能善其后矣。故兵闻拙速，未睹巧之久也。』（《作战篇》）如果战争拖的时间太久，必然耗费巨大，就会兵源不继，粮草匮乏，其它诸侯国也会乘机袭击，造成不堪设想的不利后果。只有速战速决，才能获得最大的利益。他说：『兵之情主速，乘人之不及，由不虞之道，攻其所不戒也。』（《九地篇》）在孙子看来，即使笨拙的『速』，也是对战局有利的；如果巧取敌人而时间却要『久』，也不会取得什么效果。为了取得速战速决的效果，孙子主张，首先，在战前要做好充分的准备，『先胜而后求战』，要『并气积力』（《九地篇》），『并力、料敌、取人』（《行军篇》）。其次，进攻行动要具有突然性，要『攻其无备，出其不意』。第三，要『避实击虚』，『避其锐气，击其惰归』，打击敌人的薄弱环节，认为『进而不可御者，冲其虚也』（《虚实篇》）。最后，军队的军事行动必须迅速，要『其疾如风』，说：『激水之疾，至于漂石者，势也……善战者，其势险，其节短。』（《势篇》）湍急的流水能漂动大石，是来势宏大；迅猛的猛禽能捕杀雀鸟，是节奏迅猛。善于打仗者，来势大，节奏快。在军事行动中要像拉开弓弩那样蓄势，像扣动扳机那样突然射出。

二、《孙子》中的战术思想

在制定了科学的战略原则之后，要取得战争的胜利，还要有正确的战术指挥。战术思想，是《孙子兵法》中一个重要的部分，也是孙子思想体系的核心内容之一。孙子认为，在战争中必须要善于运用计谋，即『诡道』和『诈』，还要奇正结合，因地制宜，借助地势，讲究阵法，此外，他还提出了火攻和用间等战法。

第一，『兵以诈立』。孙子说：『兵者，诡道也』（《计篇》），又说：『兵以诈立』（《军争篇》），认为在残酷的军事斗争中，用『诡』和『诈』来同敌人斗争是必要的。在《计篇》中，孙子列举了用『诡道』胜敌的十四条方法，『能而示之不能，用而示之不用，

近而示之远，远而示之近。利而诱之，乱而取之，实而备之，强而避之，怒而挠之，卑而骄之，佚而劳之，亲而离之，攻其无备，出其不意。』意思是说，在军事行动时，有能力而装做没有能力，要攻打而装做不能攻打，攻打近处却装做攻打远处，攻打远处却装做攻打近处。对方贪利就用利益诱惑他，对方混乱就趁机攻取他，对方强大就要防备他，对方士气旺盛，就设法屈挠他的锐气，使其士气衰竭，对方自卑而谨慎，就使他骄傲自大，对方体力充沛，就使其劳累，对方内部亲密团结，就挑拨离间，使其力量分散，要攻打对方没有防备的地方，在对方没有想到的时候发动进攻。这些『诡道』其实主要包含了两方面的内容：一是要善于伪装佯动，借此来欺骗和麻痹敌人；二是要了解敌人的弱点和缺陷，以抓住他的弱点，诱导他犯错，或者专门攻打他的薄弱环节。孙子认为，这些都是『兵家之胜，不可先传也』，要根据实际情况灵活运用，切不可生搬硬套或事前定死。

第二，『我专敌分』。孙子强调，在作战中要善于集中优势兵力歼灭敌人，即所谓『十则围之，五则攻之，倍则战之，敌则散分之，少则能守之，不若则避之』（《谋攻篇》）。当己方兵力在数量上十倍于敌时就包围他，五倍于敌就攻击他，两倍于敌就分散敌军，势均力敌则能够抗击敌军，比敌军少则能够脱离敌军，不如敌军则能够避开他。然而，在战争中己方的兵力并不能总是多于敌人，因此孙子十分重视兵力相当时的『散分之』，即采取『我专而敌分』的方法，在局部形成我方兵力上的绝对优势，从而一举歼灭敌人。『我专为一，敌分为十，是以十攻其一也，则我众而敌寡。能以众击寡者，则吾之所与战者，约矣。』（《虚实篇》）如果我军集中一处而敌军分为十处，就能形成我以十对敌之一的局面。这样，我军人数众多而敌军人数稀少，就能以多胜少，没有敌军能够与我军对抗。『我专而敌分』，就是要调动敌人，分散敌人，形成我方『能以众击寡』的有利态势，从而取得战争的胜利。而要使敌人分散达到『我专而敌分』的目的，一个很好的办法就是『形人而我无形』，即充分了解敌人的情况而我方的情况不暴露

给敌人。『吾所与战之地不可知，不可知则敌所备者多，敌所备者多，则吾所与战者寡矣。故备前则后寡，备后则前寡，备左则右寡，备右则左寡，无所不备，则无所不寡。寡者，备人者也；众者，使人备己者也。』（《虚实篇》）敌军不知道我军会在哪里与他交战，就会处处防备，设防的地方越多，每个防地能够与我军对抗的兵力就会越少。所以，重兵防备前方，则后方空虚；重兵屯于后方，则前方空虚；以主力来防备左方，则右方空虚；以主力来防备右方，则左方空虚，所有的地方都防备，就等于所有的地方都空虚。使敌人显得部队数量少，是因为要敌人要处处防备我军；我方显得部队数量多，则是因为我军已经迫使敌人分散防御自己。敌人兵力分散，我方便可集中兵力打击敌人的薄弱环节。

第三，『以正和，以奇胜。』『奇正』的区分始于老子，《道德经》中提出『以正治国，以奇用兵』。孙子把『奇正』的概念用在军事上，认为『战势不过奇正，奇正之变，不可胜穷也。』（《势篇》）所谓『奇』，就是奇兵；所谓『正』，就是正兵。孙子说：『凡战者，以正合，以奇胜。故善出奇者，无穷如天地，不竭如江海。终而复始，日月是也。死而更生，四时是也。声不过五，五声之变，不可胜听也；色不过五，五色之变，不可胜观也；味不过五，五味之变，不可胜尝也。』（《势篇》）意思是说，所有的战争，都是以正兵相交合，以奇兵制胜。善于出奇兵的人，就像天地运行一样无穷无尽，像江海一样永不枯竭。终而复始，像日月运行。去了又来，像四季更替。音乐的基本音阶不过五种，然而五种音阶的组合变化，永远也听不完；基本色调不过五种，但五种色调的组合变化，永远看不完；基本的味道不过五种，而五种味道的组合变化，永远也尝不完。在战争实践中，奇兵与正兵相比显得尤为重要，奇兵的运用充分展示了一个将领的谋略和智慧。奇兵运用得好，就能够出乎敌人的意料，达到出奇制胜的目的。所以孙子说：『三军之众，可使必受敌而无败者，奇正是也。』（《势篇》）同时，『奇正』虽然只是两种态势，但却能够相生相变，变幻无穷，奇中有正，正中有奇，奇可为正，正亦可为奇，可以根据战场情况的变化随时转换。『奇正相生，如循环之无端，

孰能穷之哉！』（《势篇》）

第四，避实击虚。孙子认为，『避实击虚』是战争中最重要的取胜原理之一。在《孙子兵法》中，专门有一篇用来阐述虚实原理及其运用。《虚实篇》中说：『夫兵形像水，水之行避高而趋下，兵之形避实而击虚；水因地而制流，兵因敌而制胜。故兵无常势，水无常形。能因敌变化而取胜者，谓之神。』用兵就像流水，水流动规律是避开高处，流向低处，军队的走向是避开实力强大的敌人，打击虚弱的敌人；水根据地形来决定流向，军队根据敌情来取得胜利。所以用兵没有惯例常规，流水没有固定的形状去向。能够根据敌情的变化而取胜的人，可以称为用兵如神。孙子又说：『进而不可御者，冲其虚也；退而不可追者，速而不可及也。故我欲战，敌虽高垒深沟，不得不与我战者，攻其所必救也；我不欲战，虽画地而守之，敌不得与我战者，乖其所之也。』（《虚实篇》）意思是说，发动进攻而敌人无法抵御，因为冲击了敌人的虚弱之处；部队撤退而敌人无法追击，因为速度极快敌人无法追上。所以我军要交战，敌人就算垒高墙挖深沟，也不得不与我军交战，因为我军攻打他必定要救援的要害之处；我军不想与敌军交战，虽然只是在地上画出界限而防守，敌人都不能与我军交战，因为掉转了敌军的行进方向。为了达到避实击虚的目的，孙子提出了『出其所不趋，趋其所不意』的原则，说：『行千里而不劳者，行于无人之地也；攻而必取者，攻其所不守也；守而必固者，守其所必攻也。故善攻者，敌不知其所守；善守者，敌不知其所攻。』行走很远而不劳累，因为走在无人抵抗的地方。发动进攻就一定会攻占，因为攻击的是敌人疏于防守的地方。防守起来一定坚固，因为守住了敌人一定会进攻的地方。所以善于进攻的将领，敌人不知道要怎样来防守他；所以善于防守的将领，敌人不知道要怎样来进攻他。此外，孙子所提出的『无邀正正之旗，无击堂堂之阵』，也体现了避实击虚的原则。

第五，因地制宜。『夫地形者，兵之助也。』（《地形篇》）孙子十分重视地形地势在军事斗争中的重要意义，在《孙子兵法》

十三篇中，有两篇与地形地势有关，可见他对地形地势的关注。在《地形篇》中，孙子把地形分为六种，并提出了不同地形上的作战原则。孙子说：『地形有通者，有挂者，有支者，有隘者，有险者，有远者。我可以往，彼可以来，曰通。通形者，先居高阳，利粮道，以战则利。可以往，难以返，曰挂。挂形者，敌无备，出而胜之，敌若有备，出而不胜，难以返，不利。我出而不利，彼出而不利，曰支。支形者，敌虽利我，我无出也，引而去之，令敌半出而击之利。隘形者，我先居之，必盈之以待敌。若敌先居之，盈而勿从，不盈而从之。险形者，我先居之，必居高阳以待敌；若敌先居之，引而去之，勿从也。远形者，势均难以挑战，战而不利。』我可以过去，对方也可以过来，叫做通。对于通式地形（如平原），必定要先占领其向阳的地势高处，有利于运送粮食，打起仗来很有利。可以通过，却难以返回，叫做挂。对于易入难出的挂式地形，如果敌人没有防备，就可以出兵战胜他，如果敌人有防备，不能出兵战胜他，又不能返回，没有好处。对双方均占领险要地势而对峙之类我出兵不利，对敌出兵也不利的地形，叫做支。对于支式地形，就算此刻攻击敌人对我有利，我也不出兵，而要引诱他出来，当敌人出兵一半的时候实施攻击，才是真正的有利。对于隘式地形（如峡谷），我一定要先占领它，增强实力，以对付敌人；如果敌人先占领了，若他实力强，就不要硬冲，若他实力弱，就可以攻取。对于险式地形，若我先占领，一定要把兵部署在向阳且地势高的地段，以对付敌人；若敌人先占领，领兵离去，不要强攻。对于远式地形，双方势均力敌，难以挑战，若战斗就会不利。孙子认为：『凡此六者，地之道也，将之至任，不可不察也。』『料敌制胜，计险隘远近，上将之道也。』在《九地篇》中，孙子则又把地形地势分为九类，说：『用兵之法，有散地，有轻地，有争地，有交地，有衢地，有重地，有泛地，有围地，有死地。诸侯自战其地者，为散地；入人之地不深者为轻地；我得亦利，彼得亦利者，为争地；我可以往，彼可以来者，为交地；诸侯之地三属，先至而得天下众者，为衢地；入人之地深，背城邑多者，为重地；山林、险阻、沮泽，凡难行之道者，为泛地；所由入者隘，所从归者迂，彼寡可以击吾之众者，为围地；疾战则存，不疾战则亡者，为死地。

是故散地则无战，轻地则无止，争地则无攻，交地则无绝，衢地则合交，重地则掠，泛地则行，围地则谋，死地则战。』在《九变》和《行军》等篇中，孙子也对不同地形地势上的行军和用兵方法做了具体的阐述。

第六，『求之于势』。孙子经常强调，『势』是战争取得胜利的重要条件。『计利以听，乃为之势，以佐其外。势者，因利而制权也。』（《计篇》）所谓『势』，就是根据有利于自己的原则，掌握主动权。孙子认为，听从了有利的计策，就创造一种势态，从而能够在外部协助我方行动。在《势篇》中，孙子对『势』的重要性做了充分的论述，他说：『激水之疾，至于漂石者，势也。』『故善战者，求之于势，不责于人，故能择人而任势。任势者，其战人也，如转木石。木石之性，安则静，危则动，方则止，圆则行。故善战人之势，如转圆石于千仞之山者，势也。』意思是说，善战者依靠势态，而不苛求于个人，能选择人员从而创造好的势态。能创造好势态的人指挥部队作战，就像转动木头和石头。木石的性情是处于平坦就静止，处于陡峭倾斜就滚动，方形容易静止，圆形容易滚动。善于指挥打仗的人创造势态，就像在极高的山上滚动圆石，来势宏大。孙子主张，在战争中如果想取得胜利，就要做到『势险节短』。『故善战者，其势险，其节短。势如扩弩，节如发机。』对于善战的人来说，其势要像拉满的弓弦，射出的箭才能力量大而射程远；其节要像发箭的机弩，要能连续不停的迅速射击。

第七，阵法不乱。在作战中，孙子十分强调士卒的组织、列置，以及相互之间的团结和协同作战，而这一切都要通过平时的军事训练和战场上的灵活组织来实现。在《九地篇》中，他说：『齐勇如一，政之道也；刚柔皆得，地之理也。故善用兵者，携手若使一人，不得已也。』士兵们齐心协力、勇敢作战像一个人一样，是因为教育有方；强兵和弱兵都能发挥作用，是因为利用了地理。所以善于用兵的人，使士兵们默契配合像一个人一样，是因为把士兵们放在不得已的境地。因此，孙子强调，在战场上必须讲究战法，做到阵法不乱。『纷纷纭纭，斗乱而不可乱；浑浑沌沌，形圆而不可败。』战场上事态的发展是变化多端的，一

个优秀的将领要能应付混乱局面但要自己的阵脚不乱。虽然战场上的情况模糊不清，但只要阵形排布得当，就会立于不败之地。关于如何布阵，他举例说：『故善用兵者，譬如率然。率然者，常山之蛇也。击其首则尾至，击其尾则首至，击其中则首尾俱至。』意思是说，善于用兵的将领所布列的阵势，就要像『率然』一样。『率然』是常山的一种蛇。如果打击它的头部，它的尾巴会来救援；如果打击它的尾部，它的头又会来救援；而如果打击它的中部，它的头部和尾巴都会来救援。孙子认为，这样一种阵势在作战中是非常实用的。因为阵势在作战中的作用如此重要，孙子认为，要想取得胜利，不但要使自己一方的阵势齐整，还要设法干扰敌人，让他们阵势混乱，首尾不能相顾。『古之善用兵者，能使敌人前后不相及，众寡不相恃，贵贱不相救，上下不相收，卒离而不集，兵合而不齐。』（《九地篇》）善于用兵的人，要能够使敌人前军和后军不能相互联系，大股部队和小股部队无法相互依靠，战斗力强的部队和战斗力弱的部队不能相互救援，上下之间不能相互扶持，士兵分散而不能集中成强大的战斗力，即使士卒能够集合在一起也不能齐心协力相互支持。如果能做到这些，那么己方获胜就如同探囊取物了。

第八，火攻。火攻是我国古代作战中经常使用的一种战术方法，仅就三国前后为例，就有曹操官渡之战中火烧袁绍囤积粮草的乌巢，诸葛亮火烧新野，孙刘联军赤壁火烧曹操的战船，东吴陆逊夷陵火烧刘备的连营等著名的以火攻取胜的战役。作为一位伟大的军事家，孙子也看到了火攻这种特殊战法的有效性，用专篇对此进行了论述。孙子把火攻形式共分为五种：一是『火人』，即火烧敌军人马；二是『火积』，即焚烧敌军粮草；三是『火辎』，即焚烧敌军辎重；四是『火库』，即焚烧敌军仓库；五是『火队』，火烧敌军运输设施，切断敌人的运输线路。孙子强调，如果想利用火攻，必须认真分析各种自然条件，自己要做好充分的准备，即所谓『行火必有因，因必素具』。孙子认为，进行火攻有两个最主要的外部条件，一是『时』，二是『日』。所谓『时』，就是『天时』，主要是指气候条件。孙子说：『时者，天之燥也。』火攻必须选取气候干燥的时候，阴雨连绵的日子用这种方法当然起不到效果。

所谓『日』，就是『日子』，主要是指可以运用火攻战法的时间。孙子说：『日者，月在箕、壁、翼、轸也。凡此四宿者，风起之日也。』月亮行经『箕』、『壁』、『翼』、『轸』四个星宿位置的时候是用火攻的最佳时机，因为月亮经过这四个星宿的时候，就是起风的日子。在条件具备之后，就可以进行火攻的部署了，孙子对进行火攻的基本方法、不同情况下的应对措施以及注意事项等进行了分析，这就是他所提出的『五火之变』。孙子说：『凡火攻，必因五火之变而应之：火发于内，则早应之于外；火发而其兵静者，待而勿攻，极其火力，可从而从之，不可从则上。火可发于外，无待于内，以时发之，火发上风，无攻下风，昼风久，夜风止。』凡是决定使用火攻，都必须根据五种火攻所引起的不同变化，灵活部署兵力策应。如果在敌营内部放火，就要及时派兵从外面策应。如果火已烧起来而敌军依然没有慌乱，就要耐心等待等待，不可立即发起进攻，以防中了敌人圈套，等到火势旺盛之后，再根据情况作出是否进攻的决定，可以进攻就进攻，不可进攻就要放弃。火可以从敌营的外面放，在这种情况下就不必等待内应，放火的人只要适时放火就可以了。进攻的时候一定要注意，要从上风放火时，就不可从下风发动进攻，否则自己就会反受其害。在对风势和风力进行判断时可以根据这样一个规律：白天风已经刮的很久了，夜晚就容易停止。孙子认为，这些都是军队必要掌握的火攻要点。『凡军必知五火之变，以数守之。』除了火攻战法之外，孙子还在《火攻篇》中对水攻进行了分析，并把水攻和火攻进行了对比。他说：『以火佐攻者明，以水佐攻者强。水可以绝，不可以夺。』用火来辅助军队进攻，效果非常显著；用水来辅助军队进攻，攻势就能加强。但是水攻与火攻相比也有它的缺陷，水可以把敌军分割隔离开，但却不能彻底毁坏敌人的军事辎重。

（以上引文均见《火攻篇》）

第九，用间。所谓『用间』，就是在军事行动中使用间谍，以获取敌人的情报，做到知己知彼，有效地打击敌人。孙子认为，使用间谍取得敌人的信息是取胜的一个关键。『明君贤将所以动而胜人，成功出于众者，先知也。』英明的国君和睿智的将领之

所以在军事行动中可以轻易取胜，能够比一般人更成功，就在于他们善于事先了解情况。而要事先了解敌人的情况，就要有人打探，并及时回馈回来，即『用间』。『先知者，不可取于鬼神，不可象于事，不可验于度，必取于人，知敌之情者也。』孙子强调，要事先了解敌人的情况，不可依靠各种迷信的和主观的方法，不要求助于鬼神，相信鬼神会给你帮助，不可用别的事做模拟，进行主观臆断，也不可迷信占星术，相信星辰的位置可以作为行动的指导和吉凶的预兆。要想获得情报，一定要从人那里取得，即要取自了解敌人情况的人。孙子认为，对于战争这种极大地耗费钱财、影响生产的事情来说，花费一定的代价来雇用间谍是划算的，并且是必要的。他说，发动几十万大军，开到数千里之外的地方去打仗，百姓的耗费，国家的开支，每天消耗都极高。一旦开战，国内国外、前方后方就会骚动不安，戍卒疲备地在路上奔波，老百姓不能正常从事生产的，动辄就会有数十万家。两军辛辛苦苦地对垒几年，就为了决胜于一旦。如果吝啬爵禄和钱财，不肯拿出来重用间谍，打探敌情，以致因为不能掌握敌情而导致失败，这种人就是愚蠢和残忍到了极点，根本不配作军队的统帅和将领，不是国君的好助手，也不是能够主宰胜利的人。（『凡兴师十万，出征千里，百姓之费，公家之奉，日费千金，内外骚动，怠于道路，不得操事者，七十万家。相守数年，以争一日之胜，而爱爵禄百金，不知敌之情者，不仁之至也，非民之将也，非主之佐也，非胜之主也。』）同时，孙子还用古代伊挚和姜子牙的事例对间谍的重要性进行了论述，他说：『昔殷之兴也，伊挚在夏；周之兴也，吕牙在殷。故明君贤将，能以上智为间者，必成大功。此兵之要，三军之所恃而动也。』孙子不但分析了用间的重要性，而且对如何用间也做了精辟的分析。他根据不同的情况，把间谍分为五类：『乡间』、『内间』、『反间』、『死间』和『生间』。『乡间者，因其乡人而用之；内间者，因其官人而用之；反间者，因其敌间而用之；死间者，为诳事于外，令吾闻知之而传于敌间也；生间者，反报也。』所谓『乡间』，就是利用当地居民作为间谍；所谓『内间』，就是利用对方的官吏作间谍；所谓『反间』，就是收买敌方的间谍为我所用；所谓『死间』，

就是故意传播假消息，我方的间谍传递给敌人的间谍，诱使敌人上当；所谓『生间』，就是己方派出的能够获得情报活着返回来报告的人。孙子说，这五种间谍一起用，就是国君克敌制胜的一个重要法宝。『五间俱起，莫知其道，是谓神纪，人君之宝也。』因此孙子主张，必须对间谍给予优厚的待遇，以让他们死心塌地地为自己卖命，去获取各种各样的情报。『故三军之事，莫亲于间，赏莫厚于间，事莫密于间，非圣贤不能用间，非仁义不能使间，非微妙不能得间之实。微哉微哉！无所不用间也。间事未发而先闻者，间与所告者兼死。凡军之所欲击，城之所欲攻，人之所欲杀，必先知其守将、左右、谒者、门者、舍人之姓名，令吾间必索知之。』在这段论述中，孙子提出了用间的几条原则性方法。首先，军队里的事，没有比与间谍的关系更密切、亲密的，作用更大的。因此在军队里，对间谍的赏赐要最丰厚，不是仁慈义气的将领不能使用间谍。其次，与间谍进行谋划要最隐秘，不是聪明睿智的将领不能使用间谍，不是谋虑谨慎的人就不能获得间谍提供的真实的数据。如果间谍工作还没有开始，秘密就已经泄露出去，那么间谍和得知秘密的人都要处死。最后，要利用间谍来获取各种有用的情报。所有要攻击的敌人军队，要攻打的地方城池，要杀死的地方人员，都必须事先了解清楚其守卫的将领、左右的亲信、负责传达的人员、守门的卫士和门客幕僚的姓名，这些都必须通过间谍侦查清楚。在五种间谍中，孙子对反间的使用进行了特别的强调，他说：『必索敌间之来间我者，因而利之，导而舍之，故反间可得而用也；因是而知之，故乡间、内间可得而使也；因是而知之，故死间为诳事，可使告敌；因是而知之，故生间可使如期。五间之事，主必知之，知之必在于反间，故反间不可不厚也。』一定要搜寻出来我方探听军情的敌方间谍，用重金收买他，引导他，然后放他回去，使他成为可以为我方利用的『反间』。反间的作用是巨大的，它是调动起其它四种间谍的关键。通过反间了解了敌人的情况，乡间和内间就可以得以利用起来；通过反间了解敌人的情况，就可以通过死间散布假情报给敌人，使敌人知道；通过反问了解敌人的情况，生间可以如期返回报告敌情。孙子认为，国君和将领要了解五种间谍的使用，但其中最主要的，是反间的使用，所以

对反间的待遇一定要丰厚。（以上引文均见《用间篇》）

《孙子兵法》对行军作战的方方面面都进行了精辟的分析。除了上述九点具体的战术方法之外，他还总结出了『四治』、『八戒』，作为军事将领的指导性原则。这些方法和原则在我国古代不断得到检验和实践的证明，即使在今天，仍然具有重要的价值和意义。

三、《孙子》中的治军思想

『天时不如地利，地利不如人和。』决定战争胜负最根本的因素，还是人。除了人心的向背之外，军队中指战员的素质、官兵的士气，以及不同层次、不同任务的人员之间的通信线路、协调一致，也是决定战争的关键。对于这些因素以及如何提高军队的战斗力，《孙子兵法》中都进行了分析。

孙子认为，军队的强弱、战争的胜败，组织者、指挥者、统领者的能力和质量至关重要。孙子提出，一个合格的将帅必须具备五种基本的素质，即『智、信、仁、勇、严』（《计篇》）。所谓『智』，就是要有谋略、有智慧，对于生死存亡的军事斗争来说，智慧和谋略对于一个指挥着千军万马的统帅来说是非常重要的素质。对于战争的指挥来说，一个指挥者的『智』就是能够『通于九变之利』（《九变篇》），即要有精通机变的灵活性和能力；能够『动而不迷，举而不穷』（《地形篇》），即行动起来要不会迷失混乱，手段措施要变化无穷；能够『因敌变化而取胜』（《虚实篇》），即要能够根据敌情的变化而取得胜利。总之，一个优秀的将领必须要有清晰的判断能力、理智的决策能力和灵活的应变能力。在孙子所论述的战略思想和战术思想中，其实大多体现和要求的，就是指挥员的『智』。所谓『信』，就是要做到言必信，行必果。孔子说：『人而无信，不知其可也。』信不但是立身之本，也是军队立于不败之地的重要要求。孙子认为，一个将领只有赏罚有信，做到『令素行』（《行军篇》），才能在士卒中树立起威望，带领全军齐心协力取得胜利。所谓『仁』，就是关心别人，『仁者爱人』说的就是这个意思。对于军事统帅来说，『仁』的要求

主要是仁爱部下。孙子说：『视卒如婴儿，故可以与之赴深溪；视卒如爱子，故可与之俱死。』（《地形篇》）把士兵像婴儿一样爱护，他们就可以与将领一起去危险的峡谷，把士兵像自己的爱子一样对待，他们就可以与将领同生共死。但是，孙子又强调，爱护士卒并不是溺爱放纵，『厚而不能使，爱而不能令，乱而不能治，譬若骄子，不可用也。』（《地形篇》）士兵虽然受到爱护却不听从命令，虽然受到优待却不听从使唤，混乱放纵而不听从治理，这就像被溺爱坏了的娇纵的儿子一样，是没有任何用处的。所谓『勇』，就是要有勇气，要骁勇善战，敢打敢拼。将领是军队的核心和灵魂，如果将领贪生怕死，普通士兵当然也不会舍生忘死，勇往直前。所谓『严』，就是上对下的要威严，要号令严明，军队必须要有严格的纪律。否则，如果像上面所说的一样，『厚而不能使，爱而不能令，乱而不能治，譬若骄子，不可用也』。这样的士兵是不能打胜仗的。孙子认为，以上五种素质是所有将领都应该具备的，相辅相成，不可或缺。《孙子兵法》中的这种认识对后世产生了重要的影响，后代的一些著作，如《通典》、《长短经》、《太白阴经》、《太平御览》等，在谈到为将者的品质时，都是引用的孙子的这五项品质。后代的许多学者，还对孙子的这五项要求做了发挥和进一步的阐述，例如，东汉王符在《潜夫论·劝将》中说：『孙子曰：「将者，智也，仁也，敬也，信也，勇也，严也。」是故，智以折敌，仁以附众，敬以招贤，信以必赏，勇以益气，严以一令。故折敌则能合变，众附则思力战，贤智集则英谋得，赏罚必则士尽力，勇气益则兵势自倍，威令一则惟将所使。必有此六者，乃可折冲擒敌，辅主安民。』《刘子·兵术》中也说：『故将者，必明天时，辨地势，练人谋。明天时者，察七纬之情，洞五行之趣，听八风之动，鉴五云之候。辨地势者，识七舍之形，列九地之势；练人谋者，抱五德之美，握二柄之要。五德者，智、信、仁、勇、严也；二柄者，赏罚也。智以能谋，信以约束，仁以爱人，勇以陵敌，严以镇众；赏以劝功，罚以惩过。故智者，变通之源，运奇之府也。兵者，诡道而行，以奇制胜也。』

孙子在提出了为将者五种优良素质的同时，又提出了『五危』，即将领必须竭力避免的五种可能招致危险的缺点。他说：『故将有五危，必死可杀，必生可虏，忿速可侮，廉洁可辱，爱民可烦。凡此五者，将之过也，用兵之灾也。』（《九变篇》）将领的这五种危险的缺点是：有莽撞死战的心理，就容易被杀死；有苟且偷生的心理，就可能被俘虏；性情暴躁的人，就会被辱骂激怒，从而失去理智，招致损失和失败；过于爱好廉洁的名声的人，就会被羞辱，从而引发怒气而上当；过于考虑民众利益的人，就会被过多的杂事所困扰。孙子认为，以上这五种情况，都是将领的错误，用兵的灾难。军队覆没，将领阵亡，必定是这五种危害之一在作祟，为将者一定要仔细慎重。这就是他所说的，『覆军杀将，必以五危，不可不察也。』（《九变篇》）

虽然孙子提出将领对下属要有仁爱之心，并认为『上下同欲者胜』（《谋攻篇》）。然而，这一切都是从国君和将领的利益出发的，为了取得战争的胜利，他还主张要『愚兵』，在今天看来，这不能不说是孙子军事思想中的一个缺陷。《孙子兵法》中说：『将军……能愚士卒之耳目，使之无知；易其事，革其谋，使人无识；易其居，迂其途，使民不得虑。帅与之期，如登高而去其梯；帅与之深入诸侯之地，而发其机。若驱群羊，驱而往，驱而来，莫知所之。』（《九地篇》）孙子认为，将领不要使下属了解太多的情况，要能够愚弄士兵的耳目，使他们不知底细。要善于伪装和迷惑别人，改变部署和谋划，使别人摸不透自己的意图，改变宿营地和道路，使人猜不到真相。要能够使士兵任意被自己驱使，不能有任何折扣。将领与士兵们预定好时间，就像让人登到高处而把梯子去掉，使他们没有退路；率领士兵深入敌人的阵地，要使他们像离弦之箭一样，勇往直前。就像驱赶羊群，你想往这边就往这边，你想往那边就往那边，不要使他们有往哪里去的意识，只凭将领的指挥行动。孙子还认为，为了取得战争的胜利，就不要过多地考虑士卒的死活。『帅与之期，如登高而去其梯；帅与之深入诸侯之地，而发其机。』要让他们有进路无退路，孙子认为，只有这样他们才能舍生忘死地去投入战斗。这就是他所说的『投之亡地然后存，陷之死地然后生。』（《九地篇》）这种把士兵们的生命

当作筹码孤注一掷的做法，显然具有极大的欺骗性和残酷性。

在治军中，法令和赏罚历来被认为是有效的手段，孙子所提出的将领素质的『信』和『严』，都与此有关。孙子认为，『法』是兵事的『五事』之一。『法者，曲制、官道、主用也。』（《计篇》）『曲制』，就是军队的编制和组织的结构及制度，『官道』，就是将官的职责划分，统辖管理关系的确定；『主用』，就是军需物资、器械和费用的调配、管理和分配的制度及规程。所有这些，如果想做到有条不紊，就必须有严明的法纪，并通过赏罚等手段，使这些法纪得到贯彻和执行。孙子说：『卒未亲而罚之，则不服，不服则难用。卒已亲附而罚不行，则不可用。故令之以文，齐之以武，是谓必取。令素行以教其民，则民服；令素不行以教其民，则民不服。令素行者，与众相得也。』（《行军篇》）赏罚首先必须有理有据，并且要有章法。士兵没有亲近依附就被惩罚，就不会服气，难以听从命令。士兵已经亲近依附却当罚不罚，则不会听从命令。这两种情况都是不能用来作战的。所以，必须用恩惠的手法教育，指挥士兵，使他们依附自己；用强硬的手法对待不听指挥、无视军纪的士兵，使军容整齐，服从指挥。这样，军队就能够无往不胜。平素从来不严格贯彻命令，管教士卒，士卒就会养成不服从的习惯。平时命令能贯彻执行的，表明将帅同士卒之间相处融洽，以诚相待。孙子认为，要提高军队的士气和战斗力，就要用赏的办法。『故杀敌者，怒也；取敌之利者，货也。车战得车十乘以上，赏其先得者，……是谓胜敌而益强。』（《作战篇》）要使军队英勇杀敌，就应激发士兵的士气；要想夺取敌人的军需物资，就必须借助物质奖励。所以，在车战中，凡是缴获战车十辆以上的，就奖赏最先夺得战车的人，这就是战胜了敌人而自己越发强大的方法之一。

要使军队具有强大的战斗力，平时的训练也很重要，历代对此都很重视。春秋五霸之首的齐桓公之所以称霸，就与管仲所实行的军事训练和编制方法有关，《国语》对此有所记载。『五家为轨，轨为之长；十轨为里，里有司；四里为连，连为之长；十

连为乡，乡有良人焉。以为军令：五家为轨，故五人为伍，轨长帅之；十轨为里，故五十人为小戎，里有司帅之；四里为连，故二百人为卒，连长帅之；十连为乡，故二千人为旅，乡良人帅之；五乡一帅，故万人为一军，五乡之帅帅之。三军，故有中军之鼓，有国子之鼓，有高子之鼓。春以蒐振旅，秋以狝治兵。是故卒伍整于里，军旅整于郊。」（《国语·齐语》）孙子认为，『士卒孰练』、『兵众孰强』是决定战争胜负的两个基本因素。他强调指出：『《军政》曰：「言不相闻，故为之金鼓；视不相见，故为之旌旗。」夫金鼓旌旗者，所以一人之耳目也。人既专一，则勇者不得独进，怯者不得独退，此用众之法也。』（《军争篇》）孙子根据古代兵书《军政》里的话说：『战场上远距离讲话听不见，所以设置了锣鼓；相互看不见，所以设置了旗帜。』锣鼓和旗帜都是用来统一部队的行动的。行动既然统一了，勇敢的人就不能独自前进，胆怯的人也不能独自退却，这就是指挥人马众多的军队的方法。而使士卒适应和熟练根据这些行事，就必须通过平时的军事训练。孙子还认为：『凡治众如治寡，分数是也；斗众如斗寡，形名是也。』（《势篇》）所谓『分』，就是偏裨卒伍之分；所谓『数』，就是十百千万之数；所谓『形』，就是旌旗；所谓『名』，就是金鼓、名号。这句话的意思是说，如果要想使治理和指挥大部队达到像治理和指挥小队伍一样的效果，就要借助军队的编制、组织、旌旗、金鼓、阵形等因素，而这些，就是平时军事训练的内容。

军需物资是军队的生命线，『军无辎重则亡，无粮食则亡，无委积则亡』（《军争篇》）。军队如果缺乏武器、粮草等最基本的物质供应，轻则军心不稳，重则就会使部队丧失战斗力，甚至哗变。因此，在孙子的治军思想中，如何保障后勤供应是一个重要的方面。孙子认为，军队的行动，是一件耗资非常巨大的事情，『凡用兵之法，驰车千驷，革车千乘，带甲十万，千里馈粮。则内外之费，宾客之用，胶漆之材，车甲之奉，日费千金，然后十万之师举矣。』（《作战篇》）军队一旦行动，就需要轻车千辆，重车千辆，武装的士兵十万名，上千里地长途运送粮食。因此，前后方的军事开支，招待使节宾客的用度，胶漆一类的军用物资，

战车、甲胄之类器械的供应等，每天的消耗都不下千金，这样，十万的军队才能正常行动。孙子看到，如此巨大的耗费会给人民的生产生活和国家财政的收支平衡造成巨大的影响。『久暴师则国用不足』；『国之贫于师者远输，远输则百姓贫；近师者贵卖，贵卖则百姓财竭，财竭则急于丘役。力屈财殚，中原内虚于家，百姓之费，十去其七；公家之费，破军罢马，甲胄矢弓，戟盾矛橹，丘牛大车，十去其六。』（《作战篇》）如果长久地劳师征战就必然造成国库的空虚和百姓的贫困。国家之所以因用兵而导致贫困，就是由于军队远征，远道运输。军队远征，远道运输，就会使百姓陷于贫困。临近驻军的地区物价必定飞涨，物价飞涨就会使国家财政枯竭。国家财政枯竭就急于加重赋役。战场上军力耗尽，国内便家家空虚，百姓的财产将会耗去十分之七。国家的财产，也会由于车辆的损坏，马匹的疲惫，盔甲、箭弩、戟盾、矛橹的制作补充以及丘牛大车的征调，而消耗掉十分之六。因此，孙子提出了『因粮于敌』、『取用于国』的思想，这样就可以减少国内物资的耗费，从而减轻对国内的经济和人民生活造成太大的不利影响。他说：『重地吾将继其食。』（《九地篇》）『善用兵者，役不再籍，粮不三载，取用于国，因粮于敌，故军食可足也。』『智将务食于敌，食敌一钟，当吾二十钟；忌杆一石，当吾二十石。』（《作战篇》）深入敌人的境内作战，就要保障军粮供应。但是，善于用兵的人，不用第二次征兵，不用多次运粮，而是从别国取得物资，从敌人那里夺取粮食，所以军队的粮草充足。所以，明智的将帅总是务求在敌国解决粮草供给问题。消耗敌国的一钟粮草，等同于从本国运送二十钟；耗费敌国的一石草料，相当于从本国运送二十石。不但粮食等物资供应可以在敌国解决，武器也可以从敌人手里夺取。『车战得车十乘以上，……更其旌旗。车杂而乘之，卒善而养之，是谓胜敌而益强。』将抢得的敌人战车更换上自己的旗帜，与自己的车混编起来，就成为自己的车辆；对待俘虏要友善，也可以使俘虏成为自己的战士。这就是战胜了敌人而自己越发强大的方法。决定战争胜负的，除了物的因素之外，更重要的还是人的因素，因此人员的配备和补充也应受到充分的重视。战争就会造成人口的损失和士兵的伤亡，而士兵伤亡后又要及时补充，但一国的人

口毕竟是有限的，征发兵役过多就会影响正常的生产和国家生活的正常秩序，而不征发或少征发又满足不了战争的需要。为了解决这一问题，孙子提出了『卒善而养之』、『役不再籍』等思想。也就是说，兵役不能二次征调，同粮草辎重一样，人员同样可以从敌国补充，可以通过教育、安抚、诱导等方法，让俘虏归降自己，或者使用『攻心』的办法，让敌方的人员归顺，以补充人员上的损失和不足。孙子的这种思想，也是他的『取利于敌』原则的一个表现。

总之，作为我国古代一部优秀的军事著作，《孙子兵法》中的军事思想是丰富而精辟的，这就是它数千年以来一直备受历代军事家和战略家青睐的根本原因之所在。

第三节 《孙子》中的政治思想

『战争——从有私有财产和有阶级以来就开始了的，用以解决阶级和阶级、民族和民族、国家和国家、政治集团和政治集团之间，在一定发展阶段上的矛盾的一种最高形式。』：『战争有其特殊性，在这点上说，战争不即等于一般的政治。「战争是政治的特殊手段的继续」。政治发展到一定的阶段，再也不能照旧前进，于是爆发了战争，用以扫除政治道路上的障碍。』在任何时代，政治和军事都是不可分割的，军事思想因此也就总是和政治思想联系在一起。孙武在《孙子兵法》中提出他的军事原则和军事观念的同时，也自觉不自觉地对自己的政治思想和政治主张提出了自己的看法。

一、《孙子》中的修道保法思想

修道保法是孙子根据当时列国兼并、相互劫夺的情况下对各诸侯国的统治者提出的一条基本的政治原则。在《孙子兵法》的第一篇《计篇》中，孙子提出了『五事』、『七计』作为指导军事行动乃至整个国家的决策的原则基础，而『五事』、『七计』中，孙子都把『道』列在了首位，说：『经之以五事，校之以计，而索其情：一曰道，二曰天，三曰地，四曰将，五曰法。』；『校之以计，

而索其情，曰：主孰有道？将孰有能？天地孰得？法令孰行？兵众孰强？士卒孰练？赏罚孰明？』可见，孙子是非常注重『道』在国家生活中的作用和意义的。

那么，孙子所说的『道』是什么意思呢？他解释说：『道者，令民于上同意，可与之死，可与之生，而不畏危也。』所谓『道』，就是要让人民和君主的心志相通，使他们能够与君主同生共死，而不敢违抗和有所畏惧。对于这一点，历代的注家都根据自己的理解进行了解释。李筌注曰：『以道理众，人自化之，得其同用，何亡之有！』显然，他的这一理解与孙子的本义是相通的，即都强调『道』这一基本政治原则的功利性价值。曹操和杜牧则给出了另一种理解，曹操将其解释为『道之以教令』，杜牧则说，『道者，仁义也』，都认为『道』含有教化和爱民的意思。『谓道之以政令，齐之以礼教，故能化服士民，上下同心也。』（以上见《十一家注孙子》）戚继光则对此解释说：『「道者令民与上同意」，此「道」字即率性之道，「令」字即修道之谓教，「意」字指好恶而言，好恶同即因民之所好而好之，因民之所恶而恶之之意，苟在上者能同民之好恶矣，而我之所好恶，民岂有不同！……孰谓孙子尽用权谋术数，观此谓非知道之言，可乎？』『「可与之死，可与之生，而不畏危也」，此乃效验，即孟子所谓「执梃以挞秦楚之坚甲利兵」者，是也。』（《止止堂集·愚愚稿上》）综合可见，孙子所谓『修道』的意思，就是通过统治者一些仁政和关爱民众的措施，赢得人心，以达到上下同心合力，使人民信任国君和政府，以使各项政令得以推行，行动取得胜利。孙子在《谋攻篇》里所说的『上下同欲者胜』，表达的也是同一个意思。

孙子这种『修道』以赢取民心的思想，是先秦时期许多开明的思想家的共识。商鞅说：『若民服而听上，则国富而兵胜，行是，必久王。』（《商君书·战法》）荀子也说：『兵要在乎善附民而已。』『下可用则强，下不可用则弱。』『爱民者强，不爱民者弱；政令信者强，政令不信者弱；民齐者强，民不齐者弱。』（《荀子·议兵》）对此，《淮南子》中则有更为详细的解释和例证，

现引证如下：

兵之胜败，本在于政。政胜其民，下附其上，则兵强矣；民胜其政，下畔其上，则兵弱矣。故德义足以怀天下之民，事业足以当天下之急，选举足以得贤士之心，谋虑足以知强弱之势，此必胜之本也。地广人众，不足以为强；坚甲利兵，不足以为胜；高城深池，不足以为固；严令繁刑，不足以为威。为存政者，虽小必存；为亡政者，虽大必亡。昔者楚人地，南卷沅、湘，北绕颍、泗，西包巴、蜀，东裹郯、淮，颍、汝以为洫，江、汉以为池，垣之以邓林，绵之以方城，山高寻云，溪肆无景，地利形便，卒民勇敢。蛟革犀兕，以为甲胄，修铩短鏦，齐为前行，积弩陪后，错车卫旁，疾如锥矢，合如雷电，解如风雨。然而兵殆于垂沙，众破于柏举。楚国之强，大地计众，中分天下，然怀王北畏孟尝君，背社稷之守，而委身强秦，兵挫地削，身死不还。二世皇帝，势为天子，富有天下，人迹所至，舟楫所通，莫不为郡县，然纵耳目之欲，穷侈靡之变，不顾百姓之饥寒穷匮也，兴万乘之驾，而作阿房之宫，发闾左之戍，收太半之赋，百姓之随逮肆刑，挽辂首路死者，一旦不知千万之数。天下敖然若焦热，倾然若苦烈，上下不相宁，吏民不相憀。戍卒陈胜，兴于大泽，攘臂袒右，称为大楚，而天下回应。当此之时，非有牢甲利兵，劲弩强冲也，伐棘枣而为矜，周锥凿而为刃，剡摲筡，奋儋钁，以当修戟强弩，攻城略地，莫不降下，天下为之糜沸蚁动，云彻席卷，方数千里。势位至贱，而器械甚不利，然一人唱而天下应之者，积怨在于民也。武王伐纣，东面而迎岁，至汜而水，至共头而坠，彗星出而授殷人其柄。当战之时，十日乱于上，风雨击于中，然而前无蹈难之赏，而后无遁北之刑，白刃不毕拔而天下得矣。

是故善守者无与御，而善战者无与斗，明于禁舍开塞之道，乘时势，因民欲，而取天下。故善为政者积其德，善用兵者畜其怒；德积而民可用，怒畜而威可立也。故文之所以加者浅，则势之所胜者小；德之所施者博，而威之所制者广；威之所制者广，则我强而敌弱矣。故善用兵者，先弱敌而后战者也，故费不半而功自倍也。汤之地方七十里而王者，修德也；智伯有千里之地而亡者，穷武也。故千乘之国，行文德者王；万乘之国，好用兵者亡。故全兵先胜而后战，败兵先战而后求胜。德均则众者胜寡，力敌则智者胜愚，智侔则有数者禽无数。凡用兵者，必先自庙战。主孰贤？将孰能？民孰附？国孰治？蓄积孰多？士卒孰精？甲兵孰利？器备孰便？故运筹于庙堂之上，而决胜乎千里之外矣。（《淮南子·兵略训》）

那么，如何才能「修道」以赢取人心呢？孙子认为，必须「令素行」，「与众相得」，「视卒如婴儿」，「士卒如爱子」。他说：「令素行以教其民，则民服；令素不行以教其民，则民不服。令素行者，与众相得也。」（《行军篇》）「视卒如婴儿，故可以与之赴深溪；视卒如爱子，故可与之俱死。」（《地形篇》）从这里，我们也可以看到孙子军事思想和政治思想的统一。同时，孙子还认为，「修道」不仅表现在对国内的民众上，对于攻占国，也应当贯彻这一要求。在《火攻篇》中孙子说：「夫战胜攻取，而不修其功者凶，命曰费留。」这里的「修其功」，也有「修道」的意思，打了胜仗，攻取了土地城邑，必须及时论功行赏，修明政治。否则，则会遭殃。

与「修道」对应，孙子还提出了「保法」的政治主张。在《形篇》中，孙子指出：「善用兵者，修道而保法」，把「保法」与「修道」作为相对应的两种主张和原则。关于「法」，孙子也将其列为「五事」和「七计」的内容，并解释说：「法者，曲制、官道、主用也。」所谓「法」，就是指军队的组织编制、将吏的管理、军需的掌管。「保法」，就是健全和严格法制，使国家的各项事业和军队建设有硬性的制度保障。「修道」和「保法」都是国家的政治生活中不可或缺的，正如后人所说：「道者，仁义也；法者，法制也。善用兵者，先修理仁义，保守法制，自为不可胜之政，伺敌有可败之隙，则攻能胜之。」（杜牧注）「无形之军政，即道与法是也。而道与法皆内政之主体。故曰此篇为军政与内政之关系也。」（刘邦骥：《孙子浅说·形篇》）

孙子的「保法」主张体现在健全制度、严明赏罚、明确权限分工等各个方面。第一，制度要完备。《孙子·计篇》中说：「法

者，曲制、官道、主用也。」所谓「曲制」，就是军队中的各项编制和军事制度；所谓「官道」，就是官员的任免和职责等官吏制度；所谓「主用」，就是军费、粮秣、车马、器械等管理和开支的财务制度。在这里，孙子主张在政府和军队中的各个部门都要建立起健全的制度，主张把编制、官吏和财物开支等都纳入到法的轨道，并用赏罚等手段保证这些制度得到贯彻落实，这些措施对于军队的治理、政治和军事的关系处理等，都具有积极的意义。

第二，赏罚要严明。孙子在《作战篇》指出：「取敌之利者，货也。车战得车十乘以上，赏其先得者。」在《九地篇》中，他又说：「施无法之赏，悬无政之令，犯三军之众，若使一人。」由此可见，赏罚分明，是孙子「保法」主张的重要内容。孙子认为，军队内部必须保证协调一致，而这要用「分数形名」来达到。「凡治众如治寡，分数是也；斗众如斗寡，形名是也。」（《孙子·势篇》）分数即军队的组织编制；形名指军队的指挥方法（原意是军队中使用的旌旗、金鼓等指挥工具）。军队为什么要有「分数形名」呢？孙子说：「……所以一人之耳目也。人既专一，则勇者不得独进，怯者不能独退，此用众之法也。」（《孙子·军争篇》）只有这样，才能「犯三军之众，若使一人」（《九地》），使用三军的人马像指挥一个人一样顺手。军队有了「分数形名」，并不能保证井然有序、整齐畅通，还必须使用赏罚的手段使这些方法和制度贯彻下去。孙子认为，赏罚必须严明有信。赏罚有信，军纪严格是军事统帅的基本素质要求之一，「将者，智信仁勇严也」（《孙子·计篇》）。因为「将弱不严，教道不明……曰乱。凡此六者，败之道也」（《孙子·地形》）但是，赏罚也不能滥施，在制度颁布之后，必须先晓谕大家知道，再有违反者，才能施以赏罚，否则，不教先诛，则不能起到赏罚的作用。孙子在吴宫试兵时，就体现出了他的这一思想，「约束既布，乃设斧钺，即三令五申之……孙子曰：「约束不明，申令不熟，将之罪也」；「既已明而不如法者，吏士之罪也。」」（《史记·孙子吴起列传》）。同时，孙子认为，决不能滥赏滥罚。「数赏者，窘也；数罚者，困也；先暴而后畏其众者，不精之至也。」《孙子·行军篇》多次对士兵行赏，是窘迫而

无计可施；多次惩罚士兵，是处于困境；先对士兵粗暴，而后又畏惧士兵，是最不明智的表现。因此在正常情况下，赏罚都要有一定的规则和限度。

第三，统帅要自主。孙子主张，将权要相对独立，必要时要不受君命的限制。他说：「凡用兵之法，将受命于君，合军聚众……，君命有所不受」（《孙子·九变篇》）。孙子之所以这样认为，这是因为，军事行动是具有极大的不可预料性和复杂性的，将帅必须能根据形势的变化及时对军事部署和计划做出调整。战场上敌我力量的对比变化莫测，战机稍纵即逝，如果将领没有主动权，不但可能贻误战机，而且必定处处被动。所以，「战道必胜，主曰勿战，必战可也；战道不胜，主曰必战，无战可也」（《孙子·地形篇》）。如果根据当时的情况确有打胜的把握，就算国君下令不要打，也要坚持开战；如果根据当时的情况不能取胜，就算国君下令要打，也坚持不能出战。军事行动以取胜为目的，所以统帅必须要有根据战局灵活决策的权力，不能事事惟命是从。

此外，废除贵族的法外特权，也是孙子「保法」思想的主要内容。在银雀山汉墓竹简《见吴王》中，记载了孙子「赏善始贱，罚恶始贵」的主张：「孙子乃召其司马与舆司空而告之曰：兵法曰：弗令弗闻，君将之罪也；已令已申，卒长之罪也。兵法曰：赏善始贱，罚……」罚什么人，简文缺脱。按上下文推测，「罚恶始贵」可能是是孙子所要表达的意思。孙子「小试勒兵」中斩吴王爱姬的事实，也正是他这一思想主张的印证。

二、《孙子》中的慎战全胜思想

「慎战」是孙子的战略原则，同时也是他基本的政治主张。在春秋时期，老子、孔子对待战争的态度基本上是反对的。老子说：「夫唯兵者，不祥之器，物或恶之，故有道者不处。」（《老子·三十一章》）「以道佐人主者，不以兵强天下。」（《老子·三十章》）「用兵有言，吾不敢为主而为客，不敢进寸而退尺。」（《老子·六十九战》）孔子对待战争同样极为谨慎，「子之所慎：齐、

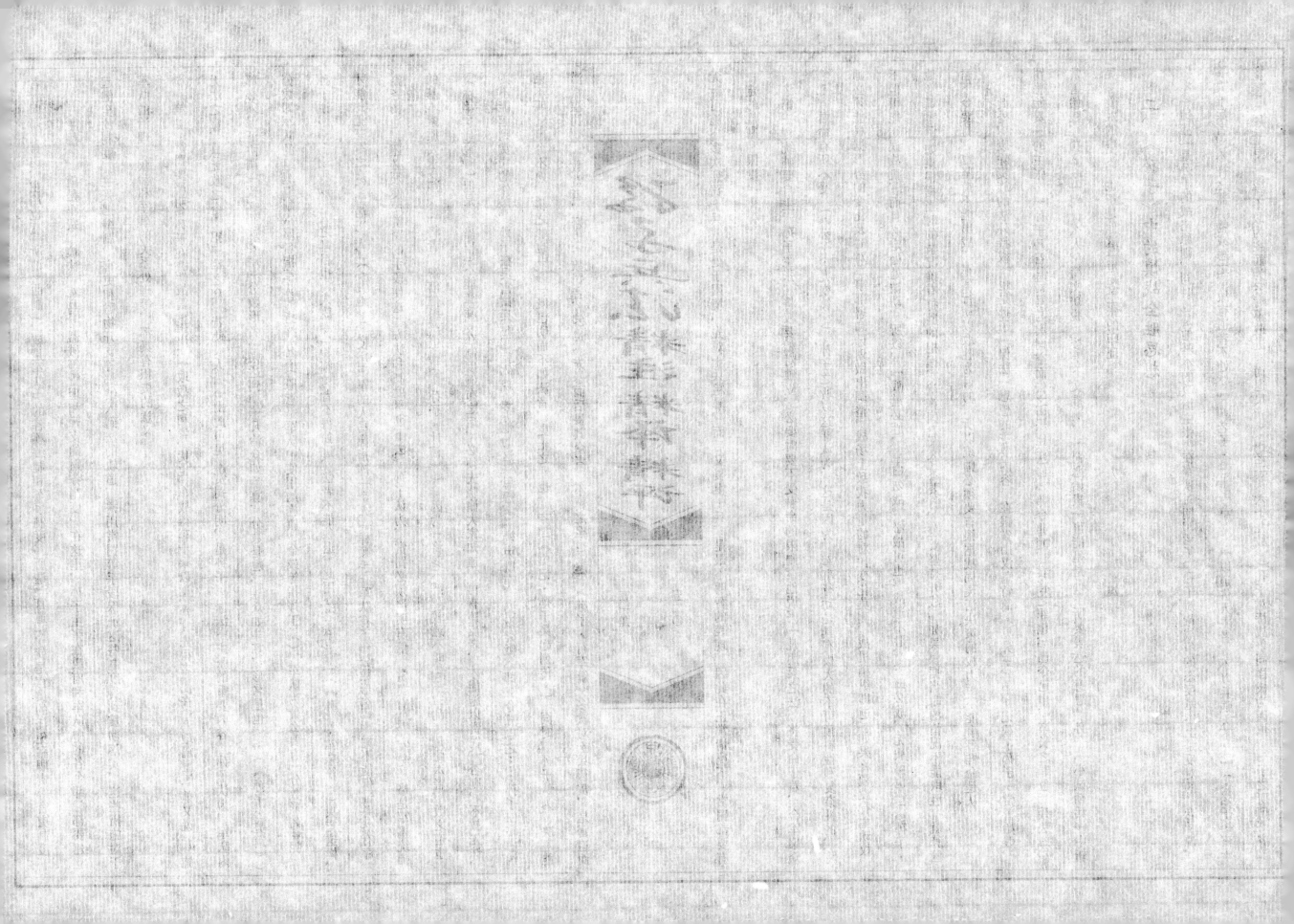

战、疾。』（《论语·述而》）面对春秋时期诸侯之间相互征伐的局面，他无奈地说：『天下有道，则礼乐征伐自天子出；天下无道，则礼乐征伐自诸侯出。』（《论语·季氏》）可见，『慎战』是当时许多思想家的共识。

应当说，作为一个军事家，孙子是不反对战争的，他甚至认为：『夫霸王之兵，伐大国，则其众不得聚；威加于敌，则其交不得合。是故不争天下之交，不养天下之权，信己之私，威加于敌，则其城可拔，其国可隳。』（《九地篇》）霸王的军队，讨伐大国，大国的民众不能团结起来抵抗；施加威力于敌人，敌人的外交手段不能施展。所以不用争着和别国结交，也不用在别国培养势力，要贯彻自己的战略意图，施加威力于敌国，可以攻陷他们的城池，摧毁他们的国家。从这里可以看出，为了实现霸王之业，孙子是赞成攻人之城、毁人之国的。但是，孙子又强调，由于战争的胜败关乎国与民的生死，发动战争必须谨慎。在《孙子兵法》的开篇《计篇》中他就指出：『兵者，国之大事，死生之地，存亡之道，不可不察也。』他告诫统治者，战端决不可轻易开启，必须经过深思熟虑。孙子深刻地说：『主不可以怒而兴师，将不可以愠而攻战。合于利而动，不合于利而止。怒可以复喜，愠可以复说，亡国不可以复存，死者不可以复生。故明主慎之，良将警之。』（《火攻篇》）国君不能因为一时的怒气而兴兵开战，将领也不可以因为一时的气愤而挑起战端。愤怒可以想法变得欢喜，怨恨设法可以变得高兴，国家如果灭亡了就不可能再重新建立了，人如果死了也不可能重新复活了。所以英明的国君和聪明睿智的将领一定要在这方面谨慎考虑。他一再强调『明主虑之，良将慎之』，『明主慎之，良将警之』，可见对这个问题的重视。如果不得已一定要打，孙子认为，那也要遵循一定的原则，这个原则就是：『非利不动，非得不用，非危不战。』没有好处就不要行动，没有取胜的把握就不要用兵，不是面对危险就不要动用武力来解决。

孙子之所以提出『慎战』主张，是因为他看到了战争的巨大危害。『凡用兵之法，驰车千驷，革车千乘，带甲十万，千里馈粮。则内外之费，宾客之用，胶漆之材，车甲之奉，日费千金，然后十万之师举矣。』（《作战篇》）『凡兴师十万，出征千里，百姓之费，公家之奉，日费千金，内外骚动，怠于道路，不得操事者，七十万家。』战端一开，就会极大地影响生产，耗费钱财，给国家的正常运转和人民的生活都造成巨大的灾难。所以不到危急关头，不要贸然发动战争。

与『慎战』相联系，孙子还提出了『全胜』的思想，即以最小的军事代价换取最大的利益。在《谋攻篇》中，他指出：『上兵伐谋，其次伐交，其次伐兵，其下攻城。攻城之法，为不得已。』『故善用兵者，屈人之兵而非战也，拔人之城而非攻也，毁人之国而非久也，必以全争于天下，故兵不顿而利可全，此谋攻之法也。』意思是说，最好的解决问题的方法是用谋略战胜敌人，次一等是通过外交手段战胜敌人，再次一等是用武力击败敌人，最次的方法是努力攻打敌人的城池。攻城，是没有办法的办法。所以善于用兵者，不通过打仗就能使敌人屈服，不通过攻城就能使敌人的城池归己，不用耗费很多的时日就能摧毁敌人的国家。一定要用全胜的方法夺取天下，这样不用损耗兵力利益就可以保全。因此，孙子主张：『夫用兵之法，全国为上，破国次之；全军为上，破军次之；全旅为上，破旅次之；全卒为上，破卒次之；全伍为上，破伍次之。是故百战百胜，非善之善也；不战而屈人之兵，善之善者也。』这里提出的原则是：使敌人举国投降是上策，击破敌国就次一等；使敌人全军投降是上策，击破敌军就次一等；使敌人全旅投降是上策，击破敌旅就次一等；使敌人全卒投降是上策，击破敌卒就次一等；使敌人全伍投降是上策，击破敌伍就次一等。所以在战场上百战百胜，并不是解决问题的最佳方法，不通过武力就使敌军屈服，才是好中之好。

为了达到『全胜』的目的，孙子认为，一个国家不要使战争拖得太久，要速战速决。他说：『其用战也胜，久则钝兵挫锐』、『兵闻拙速，未睹巧之久也』、『故兵贵胜，不贵久。』（《作战篇》）这是因为，战争拖得太久会带来太多的弊端，『胜久则钝兵挫锐，攻城则力屈，久暴师则国用不足。夫钝兵挫锐，屈力殚货，则诸侯乘其弊而起，虽有智者不能善其后矣。』（《作战篇》）如果战事久拖不决的话，就会耗费大量的钱财，会引起士气的低落，还会导致敌我力量的此消彼长，甚至还可能引起国家经济枯

竭，民众厌战，军事实力耗尽以及其它诸侯国趁机而入等后方的危险。因此孙子提出了「兵之情主速，乘人之不及，由不虞之道，攻其所不戒也」，「并敌一向，千里杀将」，「始如处女，敌人开户；后如脱兔，敌不及拒」（《孙子·九地篇》）等速决战的方法。

《孙子兵法》中虽然没有对战争的正义与不正义做出区分，但在他看来，一个国家在做出主要的决策时，要与保国安民的目的没有冲突。

三、《孙子》中的保国安民思想

孙子保国安民思想的形成与他生活的社会历史背景有关，是春秋末年社会政治历史文化的产物。春秋时期，周王室的权力衰落，对诸侯失去了控制的能力，诸侯甚至各诸侯国中有势力的卿大夫乘机崛起，相互争权夺利，出现了「礼崩乐坏」、诸侯林立、社会动荡不安的局面。在这种社会条件下，进步的思想家们的政治抱负与理想蓝图，就是追求稳定而有秩序的社会。与孙子大约同时代的孔子和老子都持这样的基本立场，孔子极力主张社会应有伦理秩序，老子则期望着道法自然的小国寡民出现。作为军事思想家，孙子思考问题的出发点虽然与孔子、老子不同，但他的军事思想的背后，也是安国保民的政治价值取向。

对「人」的重视，其实从西周初年就已经开始了。《尚书·泰誓上》中说：「惟人，万物之灵。」以神为中心的神权政治思想开始向以人为中心的世俗政治思想转变，这是历史的巨大进步。随着春秋时期诸侯攻伐兼并的日益加剧，人心向背对于国家的霸业甚至生存的重要意义日益凸显，从切身的体会中，许多开明的政治家和思想家对人的重要性也有了更为充分和深刻的认识。人的地位逐步上升，受到了思想家与统治者更大的重视。这一思想表现在政治上，就是「保民」、「富民」思想的提出和「仁政」、「德治」、「王道」思想的形成。西周时期，统治者就已经深刻地认识到：「唯命不于常，唯德是授。」德被视为了政治思想的核心内容，从商朝统治者失德导致的灭亡的命运中，周初明确提出了「修德配命」、「敬德保民」等进步思想。在诸侯纷争的春秋时期，随着

社会的发展，「得民者昌，失民者亡」的道理逐渐被更多的人所认识。「无民而能逞其志者，未之有也」（《左传》昭公二十五年），「求宠于诸侯以和其民」（《左传》隐公四年）等观念在《春秋》等记载那段历史的典籍中比比皆是。但是，那个时候，「富民」、「保民」的出发点，并不是把普通民众视为政治主体，而仅仅是考虑到民心向背对政治的巨大影响。作为一个伟大的战略思想家，孙子当然也认识到了这一点。

在《孙子兵法》中，孙子将「道」置于「五事」「七计」之首，而「道」最基本的要求，就是「令民与上同意」（《孙子·计篇》）。如果想要在战争中取得胜利，必须首先取得「民心」，获得普通老百姓的支持和认同。在孙子所认为的取得军事胜利最基本的因素中，还包括「令素信者」、「与众相得」等等。所以这些，都是强调「民心」的作用。同时，孙子还认为，战争可否的决定条件，只能是国家与人民的利益，「合于利则动，不合于利而止」（《孙子·火攻篇》）。正由于军事行动关乎到人民与国家利益，从而才与国家和人民生死攸关。因此，军事行动要「非利不动，非得不用，非危不战」（《孙子·火攻篇》），军事将领要「进不求名，退不避罪，惟民是保」（《孙子·地形篇》），而一国的国君则更「不可以怒而兴师」（《孙子·火攻篇》）。「战争是政治的特殊手段的继续」，从根本上说，战争从属于政治，其目的不是为战而战，而是为实现保国安民的最终目的。《孙子兵法》中提出的「慎战」、「不战而屈人之兵」等思想，都是孙子的这一基本政治价值取向的反映与必然结果。

所谓「安民」，在孙子生活的时代，无非就是爱民和富民，这一点也是许多战略家和思想家的共识。孙子之前，辅佐齐桓公成为「五霸」之首的管仲就已经对此有着深刻的认识。在反映管仲的思想的著作《管子》中认为，爱护民众，就是要关心人民的疾苦、对人民施以教化和慎用刑罚。首先，一个好的统治者，对于人民要「必知其疾，而忧之以德」（《管子·小问》），要能够「匡其疾」和「振其穷」。「养长老，慈幼孤，恤鳏寡，问疾病，吊祸丧，此谓匡其疾。衣冻寒，食饥渴，匡贫窭，振罢露，资乏绝，此谓振其穷。」（《管

子·五辅》）《管子》中强调，一个统治者到任四旬，就应该「五行九惠之教」。所谓「九惠之教」，「一曰，老老；二曰，慈幼；三曰，恤孤；四曰，养疾；五曰，合独；六曰，问病；七曰，通穷；八曰，振困；九曰，接绝」（《管子·入国》），这些都是针对关心民众的疾苦来说的。其次，「爱民」必须「教民」。「得人之道，莫如利之；利之之道，莫如教之以政。」（《管子·五辅》）如果统治者善于对民施以教化，就能够使「田畴垦而国邑实，朝廷闲而官府治，公法行而私曲止，仓廪实而囹圄空，贤人进而奸民退。……上下和同而有礼义，故处安而动威，战胜而守固。」（《管子·五辅》）因此，《管子》特别重视对民施以教化，并且指出，必须根据人民的实际情况和接受能力来对人民施以教化。「智者知之，愚者不知，不可以教民；巧者能之，拙者不能，不可以教民。」（《管子·乘马》）同时，还要通过选贤任能、「察能授官，班禄赐爵」（《管子·权修》）、「陈力尚贤，以劝民智」（《管子·小匡》）来鼓励人民自觉地接受教育。最后，「爱民」的一个重要的标志是统治者要慎用刑罚。根据《管子》中的思想，慎用刑罚，一方面要「弛刑罚，赦罪戾，宥小过」（《管子·五辅》），「加刑无苛，以济百姓」（《管子·小匡》）。另一方面，又不能没有刑罚或刑罚过宽而罚不当罪，这样看似对老百姓宽大，但从长远来看，却是害了老百姓。「邪莫如早禁之。凡赦者，小利而大害者也，故久而不胜其祸。」（《管子·法法》）因此《管子》说：「于下无诛者，必诛者也；有诛者，不必诛者也。」（《管子·禁藏》）这种关于「诛」与「无诛」的关系的辩证法，应该说是有一定见地的。在强调「爱民」的同时，管仲还提出要「富民」。

在《管子》中所提出的所有思想和主张中，「仓廪实则知礼节，衣食足则知荣辱」（《管子·牧民》）是最为人们所熟知的观点之一。《管子》认为，如果想治理好一个国家，「富民」是第一要务，并论证说：「凡治国之道，必先富民。民富则易治也，民贫则难治也。奚以知其然也？民富则安乡重家，安乡重家则敬上畏罪，敬上畏罪则易治也。民贫则危乡轻家，危乡轻家则敢凌上犯禁，凌上犯禁则难治也，故治国常富，而乱国常贫。是以善为国者，必先富民，然后治之。」（《管子·治国》）在《管子》的作者看来，为了使人民富足，「开源」和「节流」两个方面必须兼顾。一方面，国家应当为劳动者的生产创造有利的条件，以鼓励生产力的发展。

「辟田畴，制坛宅，修树艺，劝士民，勉稼穑，修墙屋，此谓厚其生。发伏利，输墆积，修道途，便关市，慎将宿，此谓输之以财。导水潦，利陂沟，决潘渚，溃泥滞，通郁闭，慎津梁，此谓遗之以利。」（《管子·五辅》）通过为生产者「厚生」、「输财」、「遗利」，促进生产的健康、长足发展。另一方面，在促进生产发展的同时，还必须节制消费，才能增加积累，使人民真正富足起来。「地之生财有时，民之用力有倦，而人君之欲无穷。……故取于民有度，用之有止，国虽小必安；取于民无度，用之不止，国虽大必危。」（《管子·权修》）因此《管子》中一再呼吁统治者要爱惜民力，不要把有限的资源过多地使用在雕梁画栋、妆饰舟车上，并且诚挚而又坦率地指出：「地辟而国贫者，舟舆饰，台榭广也；赏罚信而兵弱者，轻用众，使民劳也。舟车饰，台榭广，则赋敛厚矣；轻用众，使民劳，则民力竭矣。」（《管子·权修》）只有「开源」和「节流」两个方面并重，「强本事，去无用，然后民可使富」（《管子·五辅》），才能实现「富民」的目标。

管仲提出的「爱民」、「富民」的思想，是他辅佐齐桓公成就霸业的思想基础之一。同时作为伟大的战略家，孙子也认为统治者应当「爱民」和「富民」。关于孙子的「爱民」、「富民」主张，杨善群的《孙子评传》中认为主要有三层意思。一是「田宽」。西周初年，实行的土地制度是每家每户「百亩」私田，同时必须派劳动力到公田服役。春秋时期，随着生产力的提高，这一制度已不适应生产的发展，各诸侯国以及有实力的卿大夫都进行了改革。为了给农户更多的田地，他们纷纷扩大了亩制，周制是「六尺为步，步百为亩」，春秋后期，晋国的几家掌权的卿大夫都进行了宽田扩亩。范氏和中行氏改「以百六十步为亩」，韩、魏则「以二百步为亩」，赵氏扩展的幅度更大，「以二百四十步为亩」。孙子认为，范、中行、韩、魏虽然也扩展了亩制，但程度还不够，如果能像赵氏一样授田给农户，将会充分调动他们的生产积极性。二是「税轻」。据汉简《孙子兵法·吴问》记载，当时晋六卿中

的范、中行、智、韩、魏五家实行的都是『伍税二』的税制，即抽取农户收成的十分之二。孙子认为，如此重的税率是使『公家富』而人民贫困，这样必定使统治者与人民之间的矛盾加深，人民不可能尽心竭力地为捍卫统治者的国家而战斗。赵氏对授予农民的田亩『无税』，只征收一定量的军赋，大大减轻了人民的负担，『公家贫』而人民富，人民就会积极主动地保护国家，国家有了人民的支持也会强盛起来。孙子认为，这种轻税的办法才是可取的。三是『士少』。仍以汉简《吴问篇》记述孙武对晋六卿的分析为例。孙子认为，范、中行、智、韩、魏诸家，皆『置士多，主乔（骄）臣奢，冀功数战』，所以都难免被灭亡的命运；只有赵氏，『其置士少，主佥（敛）臣收，以御富民，故曰固国，晋国归焉』。孙子所说的『士』，即包括军队的士卒、将佐，也包括管理人民的官吏士大夫。在孙武看来，军队和官吏越多，所需的费用越大，人民的负担就越重。况且，官吏过多，政治就容易腐败，他们之间互相攀比，形成『主骄臣奢』的局面，这就必然会加紧对人民的敲诈勒索；军队过多，就往往喜好打仗，穷兵黩武，『冀功数战』，常会受到诸侯各国的联合反击，无异于自取灭亡。所以，诸侯国应当像赵氏一样，才能减少国内外的矛盾，逐渐强大起来。此外，在汉简《孙子兵法·黄帝伐赤帝》中，孙子还提出了『休民、艺谷、赦罪』的主张。所谓『休民』，就是要使人民得到充分的休养，必须有节制和间歇。所谓『艺谷』，就是鼓励人们加强生产，只有广种谷物，前线的士兵才能有足够的粮食保障，后方的秩序才能稳固。所谓『赦罪』，就是要在战争中减免刑罚，激发其征战杀敌的勇气。所有这些，都充分体现了孙子的『安民』、『富民』、『保民』思想。

第四节《孙子》中的哲学思想

我国现代著名哲学家冯友兰说：『《孙子兵法》是古代一部优秀的兵书，也是一部出色的哲学著作。』作为一部军事著作，《孙子兵法》中也有着丰富的哲学思想，并且正是由于《孙子兵法》首先是一部兵学著作，《孙子兵法》中的哲学思想又有着不同于一般的哲学思想。具体来说，《孙子兵法》中的朴素唯物主义和朴素辩证法思想对中国哲学思想的发展都有着主要的价值。同时，由于历史的和阶级的局限性，《孙子兵法》中的哲学思想也难免存在着一些落后的内容。

一、《孙子》中的朴素唯物主义思想

由于军事行动的特殊性，军事著作中往往都贯穿着朴素的唯物主义思想。这是因为，军事行动往往变化多端，无法臆测和实验，只能以实事求是的态度理智、严肃地对待，必须站在客观事实上分析和认识问题。所以，『在古代军事家留下的战略、战术和治军理论中，都贯穿有朴素的唯物论和自发的辩证法思想，形成了具有中国特色的古代军事哲学（或称古代军事辩证法）思想体系。』作为我国古代兵书中最出色的一部，《孙子兵法》中的朴素唯物主义和朴素辩证法的思想尤为引人注目。《孙子评传》中评价《孙子兵法》中的朴素唯物主义的总体特征时说：『孙武在战争中观察世界，其世界观是直觉的、朴素的。在他的关于世界的论述中，没有对于宇宙的起源、万物的形成等深奥难测的哲理。他只是感到世界是客观存在着的，在这个世界上没有天神鬼怪的主宰，一切都事在人为；客观物质条件是事情成败的基础，人的主观愿望不能离开客观物质条件；世间事物都有一定的活动规律可寻，人们必须掌握和利用这些规律。孙武对世界的描述不加雕琢，与各种唯心主义思想划清界线，表现了明显的倾向性。』这一评价还是比较恰当和客观的。

《孙子》中朴素唯物主义思想主要包括以下几个方面的内容。

第一，以科学的态度认识世界。

孙子认为，战争的胜负取决于各种主客观条件，而这些条件都是可以认识和应当认识的。在首篇《计篇》中，他就提出了对战争起决定作用的『五事』、『七计』，说：『经之以五事，校之以计，而索其情：一曰道，二曰天，三曰地，四曰将，五曰法。』

『校之以计，而索其情，曰：主孰有道？将孰有能？天地孰得？法令孰行？兵众孰强？士卒孰练？赏罚孰明？吾以此知胜负矣。』他认为，这些都是『将莫不闻，知之者胜，不知之者不胜』的东西，所以必须要以科学的态度来认识和把握。

从孙子提出的『五事』、『七计』中我们可以看到，他所提出的要认识的东西，都是主客观的一些条件，而不承认迷信和臆断。比如，他在解释『五事』时说：『道者，令民于上同意，可与之死，可与之生，而不畏危也；天者，阴阳、寒暑、时制也；地者，远近、险易、广狭、死生也；将者，智、信、仁、勇、严也；法者，曲制、官道、主用也。』『道』就是要让人民和君主的意愿一致，使他们能够为君主死，为君主生，而不敢违抗。『天』就是指昼夜、晴雨、寒冷、炎热四季变化。『地』就是指地势高低、路途远近、险要平坦、广阔狭窄、宜攻宜守等不同的地形条件。『将』就是指将帅要足智多谋、赏罚有信、爱护部卒、勇敢坚毅、法纪严明等品质。『法』就是指军队的组织编制、将吏的管理、军需的掌管。孙武认为，掌握了这些，才是战争胜负的关键。如何掌握这些基本的规律呢？孙子认为，要通过周密的『庙算』。『夫未战而庙算胜者，得算多也；未战而庙算不胜者，得算少也。多算胜，少算不胜，而况于无算乎！吾以此观之，胜负见矣。』（《孙子·计篇》）

在认识的方法上，孙子特别强调通过现象看本质，并在指挥行军打仗中对此进行了坚决地贯彻和充分的发挥。在《行军篇》中，他分析作战中可能会遇到的各种情况说：『敌近而静者，恃其险也；远而挑战者，欲人之进也；其所居易者，利也；众树动者，来也；众草多障者，疑也；鸟起者，伏也；兽骇者，覆也；尘高而锐者，车来也；卑而广者，徒来也；散而条达者，樵采也；少而往来者，营军也；辞卑而益备者，进也；辞强而进驱者，退也；轻车先出居其侧者，陈也；无约而请和者，谋也；奔走而陈兵者，期也；半进半退者，诱也；杖而立者，饥也；汲而先饮者，渴也；见利而不进者，劳也；鸟集者，虚也；夜呼者，恐也；军扰者，将不重也；旌旗动者，乱也；吏怒者，倦也；杀马肉食者，军无粮也；悬缻不返其舍者，穷寇也；谆谆翕翕，徐与人言者，失众也；数赏者，

窘也；数罚者，困也；先暴而后畏其众者，不精之至也；来委谢者，欲休息也。兵怒而相迎，久而不合，又不相去，必谨察之。』

孙子认为，在作战过程中判断敌人的动向时，可以通过一些表面的现象来分析揭示出敌人的处境和意图。例如：敌人逼近而安静的，是依仗它占领险要地形；敌人离我很远但挑战不休，是想诱我前进；敌人之所以驻扎在平坦地方，是因为对它有某种好处。许多树木摇动，是敌人隐蔽前来；草丛中有许多遮障物，是敌人布下的疑阵；群鸟惊飞，是下面有伏兵；野兽骇奔，是敌人大举突袭；尘土高而尖，是敌人战车驶来；尘土低而宽广，是敌人的步兵开来；尘土疏散飞扬，是敌人正在拽柴而走；尘土少而时起时落，是敌人正在扎营。敌人使者措辞谦卑却又在加紧战备的，是准备进攻；措辞强硬而军队又做出前进姿态的，是准备撤退；轻车先出动，部署在两翼的，是在布列阵势；敌人尚未受挫而来讲和的，是另有阴谋；敌人急速奔跑并列阵的，是企图约期同我决战；敌人半进半退的，是企图引诱我军。抵兵倚着兵器而站立的，是饥饿的表现；供水兵打水自己先饮的，是干渴的表现；敌人见利而不进兵争夺的，是疲劳的表现；敌人营寨上聚集鸟雀的，下面是空营；敌人夜间惊叫的，是恐慌的表现；敌营惊扰纷乱的，是敌将没有威严的表现；旌旗摇动不整齐的，是敌人队伍已经混乱。敌人军官易怒的，是全军疲倦的表现；用粮食喂马，杀马吃肉，收拾起汲水器具，部队不返营房的，是要拼死的穷寇；低声下气同部下讲话的，是敌将失去人心；不断犒赏士卒的，是敌军没有办法；不断惩罚部属的，是敌人处境困难；先粗暴然后又害怕部下的，是最不精明的将领；派来使者送礼言好的，是敌人想休兵息战；敌人逞怒同我对阵，但久不交锋又不撤退的，必须谨慎地观察他的企图。在这里孙子所贯彻的原则，就是要能通过事物的现象看到它的本质，既不要被表面所迷惑，又要努力获得更多更有利的信息。毛泽东在《实践论》中说：『要完全地反映整个的事物，反映事物的本质，反映事物的内部规律性，就必须经过思考作用，将丰富的感觉材料加以去粗取精、去伪存真、由此及彼、由表及里的改造制作工夫，造成概念和理论的系统，就必须从感性认识跃进到理性认识。』依靠直觉观察到的事物的表面现象是肤浅的，可能存在许多假象，

要准确地认识事物，就必须能够通过现象深入到事物的本质。在事关生死存亡的战场上，这一点显得尤为主要。

第二，实事求是地对事物进行分析。

与同时代的许多思想家不同，孙子不相信鬼神的作用，强调认识的科学性和客观性。他说：「先知者，不可取于鬼神，不可象于事，不可验于度，必取于人，知敌之情者也。」（《孙子·用间篇》）他认为，在了解情况的过程中，求助于鬼神是没有意义的，要事先了解敌情，不可求神问鬼，也不可用相似的做法作模拟推测，不可用日月星辰运行的位置去验证，一定要取之于人，从那些熟悉敌情的人的口中去获取。因此，他特别重视人事的作用。在他看来，「天者，阴阳、寒暑、时制也。」（《孙子·计篇》）天只不过就是自然运行的规律，而决定战争走向的，最终只能是人。「兵有走者、有驰者、有陷者、有崩者、有乱者、有北者。凡此六者，非天地之灾，将之过也。」（《孙子·地形篇》）军队出现的任何失败和错误，都不能怨天尤人，都是将帅的责任，只能从人的因素中找原因。

因此，孙子强调通过科学的分析取得正确的认识的重要性，他说：「知己知彼，百战不殆；不知彼而知己，一胜一负；不知彼不知己，每战必败。」（《孙子·谋攻篇》）这不但已经被认为是一条科学的军事规律，也已经成为一条哲学上的重要认识。毛泽东对孙子的这句名言给予了很高的评价，他在《中国革命战争的战略问题》中说：「学习和认识的对象，包括敌我两方面，这两方面都应该看成研究的对象，只有我们的头脑（思想）才是研究的主体。有一种人，明于知己，暗于知彼，又有一种人，明于知彼，暗于知己，他们都是不能解决战争规律的学习和使用的问题的。中国古代大军事学家孙武子书上「知彼知己，百战不殆」这句话，是包括学习和使用两个阶段而说的，包括从认识客观实际中的发展规律，并按照这些规律去决定自己的行动克服当前的敌人而说的；我们不要看轻这句话。」

孙子认为，要想做到「知己知彼」，就要进行充分的调查研究。他说：「知战之地，知战之日，则可千里而会战。不知战地，不知战日，则左不能救右，右不能救左，前不能救后，后不能救前。」（《孙子·虚实篇》）能预知交战的地点，预知交战的时间，即使跋涉千里也可以去同敌人会战。不能预知在什么地方打，不能预知在什么时间打，那么会导致左翼救不了右翼，右翼救不了左翼，前面不能救后面，后面不能救前面的情况。同时，他还认为，「不知诸侯之谋者，不能预交；不知山林、险阻、沮泽之形者，不能行军；不用乡导，不能得地利。四五者，一不知，非霸王之兵也。」（《孙子·九地篇》）不知道诸侯的意图打算，就不要与他们预先结交；不知道山林、险阻和沼泽等的地形，就不能行军；不利用当地的向导，就不能得到地形的好处。这四五个方面，有一个方面不知道，就不能称为霸王的军队。因此，孙子特别重视对交战的时间、地点的了解，重视考察诸侯的图谋，而这一切，都要进行调查和研究。所以，他提出了「用间」、「向（乡）导」等了解敌情的方法和调查研究的手段，说：「军之所欲击，城之所欲攻，人之所欲杀，必先知其守将、左右、谒者、门者、舍人之姓名，令吾间必索知之。」凡是要攻打的敌方军队，要攻占的敌方城市，要刺杀的敌方人员，都须预先了解其主管将领、左右亲信、负责传达的官员、守门官吏和门客幕僚的姓名，指令我方间谍一定要将这些情况侦察清楚。「故为兵之事，在顺详敌之意，并敌一向，千里杀将，是谓巧能成事者也。」在孙子看来，指导战争的关键，就在于谨慎地调查研究，观察敌人的战略意图，集中兵力攻击敌人一部，千里奔袭，斩杀敌将，这就是所谓巧妙用兵，实现克敌制胜的目的。

第三，以科学的认识作为指导军事实践的依据。

人的认识来源于实践，最终又必然要回到实践中去，为实践服务。作为一部兵书，《孙子兵法》中的世界观、认识论都有着明确的目的，就是为它的方法论服务，要用科学的认识作用指导军事实践的基本依据。军事实践是认识的来源，也是检验认识的真理性的标准和认识的最终目的。指导军事实践，取得战争胜利才是认识的动力和目的。在《孙子兵法》中，处处体现着他的「知」

为『胜』服务的思想。在论述『五事』时，他说：『凡此五者，将莫不闻，知之者胜，不知之者不胜。』（《孙子·计篇》）了解各种军事斗争中的规律和条件，就是为了增大取胜的把握。在其它篇中论述战略战术时，他又多次强调和流露出『知』为『胜』服务的思想。他说：『先知迂直之计者胜，此军争之法也。』（《孙子·军争篇》）『料敌制胜，计险隘远近，上将之道也。知此而用战者必胜，不知此而用战者必败。』（《孙子·地形篇》）不论是知地形之法，还是知军争之法，最终都是为了『胜』。

孙子认为，在一定程度上可以说，『知』的程度是军事行动能否成功的衡量依据和标准。『知吾卒之可以击，而不知敌之不可击，胜之半也；知敌之可击，而不知吾卒之不可以击，胜之半也；知敌之可击，知吾卒之可以击，而不知地形之不可以战，胜之半也。』（《孙子·地形篇》）只了解自己的部队可以打，而不了解敌人不可打，取胜的可能只有一半；只了解敌人可以打，而不了解自己的部队不可以打，取胜的可能也只有一半。知道敌人可以打，也知道自己的部队能打，但是不了解地形不利于作战，取胜的可能性仍然只有一半。因此，为了取胜，就应该了解尽量多的敌我情况和主客观条件，正是在此意义上，他提出了故知兵者，『动而不迷，举而不穷，故曰：知彼知己，胜乃不殆；知天知地，胜乃可全』（《孙子·地形篇》）的光辉论断。

用『知』来取『胜』的一个重要途径，就是通过『知』来获取客观事物的必然规律，并用规律来指导行动。只有掌握了客观规律，按照客观规律的指导行事，才能使行动取得预期的效果。《孙子》中处处体现着这种思想，例如：

凡处军、相敌：绝山依谷，视生处高，战隆无登，此处山之军也。绝水必远水；客绝水而来，勿迎之于水内，令半济而击之，利；欲战者，无附于水而迎客；视生处高，无迎水流，此处水上之军也。绝斥泽，惟亟去无留；若交军于斥泽之中，必依水草而背众树，此处斥泽之军也。平陆处易而右背高，前死后生，此处平陆之军也。凡此四军之利，黄帝之所以胜四帝也。（《孙子·行军篇》）

凡军好高而恶下，贵阳而贱阴，养生而处实，军无百疾，是谓必胜。丘陵堤防，必处其阳而右背之。此兵之利，地之助也。上雨，

水沫至，欲涉者，待其定也。凡地有绝涧、天井、天牢、天罗、天陷、天隙，必亟去之，勿近也。吾远之，敌近之；吾迎之，敌背之。军行有险阻、潢井、葭苇、山林、翳会者，必谨复索之，此伏奸之所处也。（《孙子·行军篇》）

孙子曰：地形有通者、有挂者、有支者、有隘者、有险者、有远者。我可以往，彼可以来，曰通。通形者，先居高阳，利粮道，以战则利。可以往，难以返，曰挂。挂形者，敌无备，出而胜之，敌若有备，出而不胜，难以返，不利。我出而不利，彼出而不利，曰支。支形者，敌虽利我，我无出也，引而去之，令敌半出而击之利。隘形者，我先居之，必盈之以待敌。若敌先居之，盈而勿从，不盈而从之。险形者，我先居之，必居高阳以待敌；若敌先居之，引而去之，勿从也。远形者，势均难以挑战，战而不利。凡此六者，地之道也，将之至任，不可不察也。（《孙子·地形篇》）

凡为客之道，深入则专。主人不克，掠于饶野，三军足食；谨养而勿劳，并气积力；运兵计谋，为不可测。投之无所往，死且不北。死焉不得，士人尽力。兵士甚陷则不惧，无所往则固，深入则拘，不得已则斗。是故其兵不修而戒，不求而得，不约而亲，不令而信，禁祥去疑，至死无所之。吾士无余财，非恶货也；无余命，非恶寿也。令发之日，士卒坐者涕沾襟，偃卧者涕交颐，投之无所往，诸、刿之勇也。（《孙子·九地篇》）

凡为客之道，深则专，浅则散。去国越境而师者，绝地也；四通者，衢地也；入深者，重地也；入浅者，轻地也；背固前隘者，围地也；无所往者，死地也。是故散地，吾将一其志；轻地，吾将使之属；争地，吾将趋其后；交地，吾将谨其守；衢地，吾将固其结；重地吾将继其食，圮地，吾将进其途；围地，吾将塞其阙；死地，吾将示之以不活。故兵之情：围则御，不得已则斗，过则从。（《孙子·九地篇》）

凡火攻，必因五火之变而应之：火发于内，则早应之于外；火发而其兵静者，待而勿攻，极其火力，可从而从之，不可从则上。

要准确地认识事物，就必须能够通过现象深入到事物的本质。在事关生死存亡的战场上，这一点显得尤为主要。

第二，实事求是地对事物进行分析。

与同时代的许多思想家不同，孙子不相信鬼神的作用，强调认识的科学性和客观性。他说：『先知者，不可取于鬼神，不可象于事，不可验于度，必取于人，知敌之情者也。』（《孙子·用间篇》）他认为，在了解情况的过程中，求助于鬼神是没有意义的，要事先了解敌情，不可求神问鬼，也不可用相似的做法作模拟推测，不可用日月星辰运行的位置去验证，一定要取之于人，从那些熟悉敌情的人的口中去获取。因此，他特别重视人事的作用。在他看来，『天者，阴阳、寒暑、时制也。』（《孙子·计篇》）天只不过就是自然运行的规律，而决定战争走向的，最终只能是人。『兵有走者，有驰者，有陷者，有崩者，有乱者，有北者。凡此六者，非天地之灾，将之过也。』（《孙子·地形篇》）军队出现的任何失败和错误，都不能怨天尤人，都是将帅的责任，只能从人的因素中找原因。

因此，孙子强调通过科学的分析取得正确的认识的重要性，他说：『知己知彼，百战不殆；不知彼而知己，一胜一负；不知彼不知己，每战必败。』（《孙子·谋攻篇》）这不但已经被认为是一条科学的军事规律，也已经成为一条哲学上的重要认识。毛泽东对孙子的这句名言给予了很高的评价，他在《中国革命战争的战略问题》中说：『学习和认识的对象，包括敌我两方面，这两方面都应该看成研究的对象，只有我们的头脑（思想）才是研究的主体。有一种人，明于知己，暗于知彼，又有一种人，明于知彼，暗于知己，他们都是不能解决战争规律的学习和使用的问题的。中国古代大军事学家孙武子书上「知彼知己，百战不殆」这句话，是包括学习和使用两个阶段而说的，包括从认识客观实际中的发展规律，并按照这些规律去决定自己的行动克服当前的敌人而说的；我们不要看轻这句话。』

孙子认为，要想做到『知己知彼』，就要进行充分的调查研究。他说：『知战之地，知战之日，则可千里而会战。不知战地，不知战日，则左不能救右，右不能救左，前不能救后，后不能救前。』（《孙子·虚实篇》）能预知交战的地点，预知交战的时间，即使跋涉千里也可以去同敌人会战。不能预知在什么地方打，不能预知在什么时间打，那么会导致左翼救不了右翼，右翼救不了左翼，前面不能救后面，后面不能救前面的情况。同时，他还认为，『不知诸侯之谋者，不能预交；不知山林、险阻、沮泽之形者，不能行军；不用乡导，不能得地利。四五者，一不知，非霸王之兵也。』（《孙子·九地篇》）不知道诸侯的意图打算，就不要与他们预先结交；不知道山林、险阻和沼泽等的地形，就不能行军；不利用当地的向导，就不能得到地形的好处。这四五个方面，有一个方面不知道，就不能称为霸王的军队。因此，孙子特别重视对交战的时间、地点的了解，重视考察诸侯的图谋，而这一切，都要进行调查和研究。所以，他提出了『用间』、『向（乡）导』等了解敌情的方法和调查研究的手段，说：『军之所欲击，城之所欲攻，人之所欲杀，必先知其守将、左右、谒者、门者、舍人之姓名，令吾间必索知之。』凡是要攻打的敌方军队，要攻占的敌方城市，要刺杀的敌方人员，都须预先了解其主管将领、左右亲信、负责传达的官员、守门官吏和门客幕僚的姓名，指令我方间谍一定要将这些情况侦察清楚。『故为兵之事，在顺详敌之意，并敌一向，千里杀将，是谓巧能成事者也。』在孙子看来，指导战争的关键，就在于谨慎地调查研究，观察敌人的战略意图，集中兵力攻击敌人一部，千里奔袭，斩杀敌将，这就是所谓巧妙用兵，实现克敌制胜的目的。

第三，以科学的认识作为指导军事实践的依据。

人的认识来源于实践，最终又必然要回到实践中去，为实践服务。作为一部兵书，《孙子兵法》中的世界观、认识论都有着明确的目的，就是为它的方法论服务，要用科学的认识作用指导军事实践的基本依据。军事实践是认识的来源，也是检验认识的真理性的标准和认识的最终目的。指导军事实践，取得战争胜利才是认识的动力和目的。在《孙子兵法》中，处处体现着他的『知』

战、疾。』（《论语·述而》）面对春秋时期诸侯之间相互征伐的局面，他无奈地说：『天下有道，则礼乐征伐自天子出；天下无道，则礼乐征伐自诸侯出。』（《论语·季氏》）可见，『慎战』是当时许多思想家的共识。

应当说，作为一个军事家，孙子是不反对战争的，他甚至认为：『夫霸王之兵，伐大国，则其众不得聚；威加于敌，则其交不得合。是故不争天下之交，不养天下之权，信己之私，威加于敌，则其城可拔，其国可隳。』（《九地篇》）霸王的军队，讨伐大国，大国的民众不能团结起来抵抗；施加威力于敌人，敌人的外交手段不能施展。所以不用争着和别国结交，也不用在别国培养势力，要贯彻自己的战略意图，施加威力于敌国，可以攻陷他们的城池，摧毁他们的国家。从这里可以看出，为了实现霸王之业，孙子是赞成攻人之城、毁人之国的。但是，孙子又强调，由于战争的胜败关乎国与民的生死，发动战争必须谨慎。在《孙子兵法》的开篇《计篇》中他就指出：『兵者，国之大事，死生之地，存亡之道，不可不察也。』他告诫统治者，战端决不可轻易开启，必须经过深思熟虑。孙子深刻地说：『主不可以怒而兴师，将不可以愠而攻战。合于利而动，不合于利而止。怒可以复喜，愠可以复说，亡国不可以复存，死者不可以复生。故明主慎之，良将警之。』（《火攻篇》）国君不能因为一时的怒气而兴兵开战，将领也不可以因为一时的气愤而挑起战端。愤怒可以想法变得欢喜，怨恨设法可以变得高兴，国家如果灭亡了就不可能再重新建立了，人如果死了也不可能重新复活了。所以英明的国君和聪明睿智的将领一定要在这方面谨慎考虑。他一再强调『明主虑之，良将慎之』『明主慎之，良将警之』，可见对这个问题的重视。如果不得已一定要打，孙子认为，那也要遵循一定的原则，这个原则就是：『非利不动，非得不用，非危不战。』没有好处就不要行动，没有取胜的把握就不要用兵，不是面对危险就不要动用武力来解决。

孙子之所以提出『慎战』主张，是因为他看到了战争的巨大危害。『凡用兵之法，驰车千驷，革车千乘，带甲十万，千里馈粮。则内外之费，宾客之用，胶漆之材，车甲之奉，日费千金，然后十万之师举矣。』（《作战篇》）『凡兴师十万，出征千里，

百姓之费，公家之奉，日费千金，内外骚动，怠于道路，不得操事者，七十万家。』战端一开，就会极大地影响生产，耗费钱财，给国家的正常运转和人民的生活都造成巨大的灾难。所以不到危急关头，不要贸然发动战争。

与『慎战』相联系，孙子还提出了『全胜』的思想，即以最小的军事代价换取最大的利益。在《谋攻篇》中，他指出：『上兵伐谋，其次伐交，其次伐兵，其下攻城。攻城之法，为不得已。』『故善用兵者，屈人之兵而非战也，拔人之城而非攻也，毁人之国而非久也，必以全争于天下，故兵不顿而利可全，此谋攻之法也。』意思是说，最好的解决问题的方法是用谋略战胜敌人，次一等是通过外交手段战胜敌人，再次一等是用武力击败敌人，最次的方法是努力攻打敌人的城池。攻城，是没有办法的办法。所以善于用兵者，不通过打仗就能使敌人屈服，不通过攻城就能使敌人的城池归己，不用耗费很多的时日就能摧毁敌人的国家。一定要用全胜的方法夺取天下，这样不用损耗兵力利益就可以保全。因此，孙子主张：『夫用兵之法，全国为上，破国次之；全军为上，破军次之；全旅为上，破旅次之；全卒为上，破卒次之；全伍为上，破伍次之。是故百战百胜，非善之善也；不战而屈人之兵，善之善者也。』这里提出的原则是：使敌人举国投降是上策，击破敌国就次一等；使敌人全军投降是上策，击破敌军就次一等；使敌人全旅投降是上策，击破敌旅就次一等；使敌人全卒投降是上策，击破敌卒就次一等；使敌人全伍投降是上策，击破敌伍就次一等。所以在战场上百战百胜，并不是解决问题的最佳方法，不通过武力就使敌军屈服，才是好中之好。

为了达到『全胜』的目的，孙子认为，一个国家不要使战争拖得太久，要速战速决。他说：『其用战也胜，久则钝兵挫锐』、『兵闻拙速，未睹巧之久也』、『故兵贵胜，不贵久。』（《作战篇》）这是因为，战争拖得太久会带来太多的弊端，『胜久则钝兵挫锐，攻城则力屈，久暴师则国用不足。夫钝兵挫锐，屈力殚货，则诸侯乘其弊而起，虽有智者不能善其后矣。』（《作战篇》）如果战事久拖不决的话，就会耗费大量的钱财，会引起士气的低落，还会导致敌我力量的此消彼长，甚至还可能引起国家经济枯

火可发于外，无待于内，以时发之，火发上风，无攻下风，昼风久，夜风止。凡军必知五火之变，以数守之。故以火佐攻者明，以水佐攻者强。水可以绝，不可以夺。（《孙子·火攻篇》）

三军可夺气，将军可夺心。是故朝气锐，昼气惰，暮气归。善用兵者，避其锐气，击其惰归，此治气者也。以治待乱，以静待哗，此治心者也。以近待远，以佚待劳，以饱待饥，此治力者也。无邀正正之旗，无击堂堂之阵，此治变者也。故用兵之法，高陵勿向，背丘勿逆，佯北勿从，锐卒勿攻，饵兵勿食，归师勿遏，围师遗阙，穷寇勿迫，此用兵之法也。（《孙子·军争篇》）

在《孙子兵法》中，这里的例子比比皆是，这里不再一一列举。这充分说明，孙子不但在行军作战的过程中深刻体会到通过科学的认识掌握客观规律以指导军事实践的重要意义，而且将他的这一思想深入地贯彻到了他的军事指挥艺术之中。

第四，充分利用客观物质条件。

在朴素唯物主义的认识论和实践观指导的基础上，孙子深刻认识到充分利用客观物质条件的重要性。在孙子看来，「天」、「地」以及物资储备等条件，都是决定战争胜负的重要因素。

在孙子认为决定战争的「五事」中，「天」是其中之一，并解释说：「天者，阴阳、寒暑、时制也。」（《孙子·计篇》）他认为，阴阳、寒暑、时制这些因素，都会因战争的结果产生影响，因此都是军事指挥员所必须注意的东西。在《火攻篇》中，孙子曾经说：「昼风久，夜风止」，并说：「发火有时，起火有日。时者，天之燥也。日者，月在箕、壁、翼、轸也。凡此四宿者，风起之日也。」这些都是他对自然规律细致总结或认真学习前人的知识的结果，也是他将这些认识运用于实践，充分利用天时的思想的体现。

《孙子兵法》中对「地」的因素进行的特别的强调，在现存的十三篇中，就有《九地》和《地形》两篇专门对地形和地势对军事行动的影响进行了探讨。在其它各篇中，也多处涉及地利和地形、方位等的选择和应用，可见孙子对「地」这一客观条件的重视和依靠。在《地形篇》中，孙子把地形划分为六种，在《九地篇》中，又划分为九种，分别对它们的特点及行军作战的要求进行了分析，并说：这些都是「地之道也，将之至任，不可不察也」；「夫地形者，兵之助也。料敌制胜，计险隘远近，上将之道也」。（《孙子·地形篇》）在《行军篇》中，他也对各种地形上行军防御的要求做了具体的论述。此外，在《通典》中还记载了一段《孙子》的佚文，说：「深草蓊秽者，所以逃遁也；深谷险阻者，所以御车骑也；隘塞山林者，所以少击众也；沛泽杳冥者，所以匿其形也。」（《通典》卷一五九）

在行军作战中，物资辎重是军队的生命线，所以，孙子非常重视军事物质的筹集、运输和储备。他说：「兵法：一曰度，二曰量，三曰数，四曰称，五曰胜。地生度，度生量，量生数，数生称，称生胜。」（《孙子·形篇》）孙子认为，「度」、「量」、「数」、「称」、「胜」是兵法的五条基本原则。所谓「度」，就是双方土地面积大小的不同；所谓「量」，就是双方物产资源多少的不同；所谓「数」，就是双方兵员多寡的不同；所谓「称」，就是双方军事实力强弱的不同；所谓「胜」，就是战争的胜负。敌我所处地域的不同，产生「度」的问题；敌我土地面积大小的「度」的不同，产生「量」的问题；敌我物产资源多少的「量」的不同，产生「数」的问题；敌我兵员多寡的「数」的不同，产生「称」的问题；敌我军事实力强弱的「称」的不同，最终决定战争的胜负成败。在孙子看来：「故胜兵若以镒称铢，败兵若以铢称镒。胜者之战民也，若决积水于千仞之溪者。」（《孙子·形篇》）胜利的军队较之于失败的军队，就像以「镒」称「铢」那样占有绝对优势，而失败的军队较之于胜利的军队，就像用「铢」称「镒」那样处于绝对的劣势。军事实力强大的胜利者指挥部队作战，就像在万丈悬崖决开积水一样，一泻千里，所向披靡。孙子所说的「度」、「量」、「数」、「称」，所要考察的，其实都是物力和人力的多寡和强弱问题。因此，孙子对军队的物资储备进行了多次的强调。在《形篇》中，他说：「昔之善战者，先为不可胜，以待敌之可胜。不可胜在己，可胜在敌。故善战者，能为不可胜，不能使敌之必可胜。」善于打仗的人，

本文中所论及的一般指单一战役而言，并非考虑到战争中立不失败一般原则。

一、《孙子》兵书的思想内容

《孙子兵法》是中国古代最杰出的一部兵书，也是世界上现存最早的兵书。全书共十三篇，即：

《计篇》、《作战篇》、《谋攻篇》、《形篇》、《势篇》、《虚实篇》、《军争篇》、《九变篇》、《行军篇》、《地形篇》、《九地篇》、《火攻篇》、《用间篇》。

《孙子》中的军事思想体系是建立在朴素唯物论和原始辩证法的基础之上的。在《孙子兵法》中，贯穿着"立足于自己做好充分准备，以待敌人之可胜"的思想，下面对其主要若干方面大致的分析。

（一）慎战。《孙子·计篇》篇首就说："兵者，国之大事，死生之地，存亡之道，不可不察也。"《孙子·火攻篇》又说："主不可以怒而兴师，将不可以愠而致战。合于利而动，不合于利而止。怒可以复喜，愠可以复悦，亡国不可以复存，死者不可以复生。故明君慎之，良将警之。此安国全军之道也。"从《孙子》所处的时代来看，由于春秋后期，战乱频仍，连年征战，百姓苦于战争，故而《孙子》始终把慎战放在首位，慎战的思想是十分突出的。

（二）"不战而屈人之兵"的思想。在《孙子兵法》一书中"不战而屈人之兵"是最重要的思想。孙子认为："百战百胜，非善之善者也；不战而屈人之兵，善之善者也。"（《孙子·谋攻篇》）孙子主张不战而胜，即不使用武力就可以使敌人屈服，这才是最高明的。要使不战而胜，必须从敌我双方多方面进行考察，战争是人与人之间相互作用的，因而攻击敌人的战略、战术就不同，最高明的就是使敌人不战而服，其次是从外交上击破敌人的联盟，再次是出动军队攻击敌人，最下策就是攻城。

（三）战主《计篇》中，孙子提出了"五事七计"的思想，即强调从五个方面、七种情况考察敌我双方的形势，做出较成功的军事决策。

"五事"："一曰道、二曰天、三曰地、四曰将、五曰法。道者，令民与上同意也；可与之生，可与之死，民弗诡也。天者，阴阳，寒暑，时制也。地者，远近，险易，广狭，死生也。将者，智、信、仁、勇、严也。法者，曲制、官道、主用也。"

"七计"：主孰有道？将孰有能？天地孰得？法令孰行？兵众孰强？士卒孰练？赏罚孰明？吾以此知胜负矣。

（《孙子·计篇》）孙子认为，只有经过这样详细考察，才能知道战争的胜负。孙子很重视战前准备，他认为战争的胜利要以战前充分的准备为基础。"善于作战的人，总要求胜的条件，不避免人的战斗。不会错过战胜敌人的时机，也不放过敌人已经失败的时机。善于战斗的军队，总是先造成胜利的条件，然后去和敌人作战；而失败的军队，则先和敌人作战，然后再侥幸取胜。"（《孙子·形篇》）

军队到了看似山穷水尽的地步，往往是战略形势转折和取胜的开始。

此外，《孙子兵法》中还有许多其它体现着辩证法的范畴，如「兵闻拙速，未睹巧之久也」（《孙子·作战篇》）中的「巧拙」、「速久」，「小敌之坚，大敌之擒也」（《孙子·谋攻篇》）中的「小大」，「木石之性，安则静，危则动，方则止，圆则行」（《孙子·势篇》）中的「安危」、「动静」、「行止」，「形人而我无形，则我专而敌分。我专为一，敌分为十，是以十攻其一也，则我众而敌寡，能以众击寡者，则吾之所与战者约矣」（《孙子·势篇》）中的「专分」、「众寡」、「敌我」，等等，这里不再一一详述。

在对立统一的认识基础上，孙子认为，矛盾的双方往往是相互转化的。「故兵无常势，水无常形。能因敌变化而取胜者，谓之神。故五行无常胜，四时无常位，日有短长，月有死生。」（《孙子·虚实篇》）也就是说，用兵打仗没有固定的模式可循，没有一成不变的格式去遵守。能够根据敌情变化而灵活机动取胜的，就可以称为用兵如神。所以说，用五行相生相克的道理没有固定的常胜，四季轮流更替也没有不变的位置。就好像一年之中白天有长有短，一月之中月亮有圆有缺一样。「乱生于治，怯生于勇，弱生于强。治乱，数也；勇怯，势也；强弱，形也。」（《孙子·势篇》）「治乱」、「勇怯」、「强弱」等对立的方面都不是一成不变的，一旦「数」、「势」和「形」发生了变化，它们就会转化为自己的对立面。

事物总是有好的一方面，有坏的一方面，好的一方面和坏的一方面又会经常转化，因此孙子认为，必须全面地看问题，不能仅凭直觉或一时的冲动。在从他的利害观中可以深刻体现出来。孙子说：「智者之虑，必杂于利害，杂于利而务可信也，杂于害而患可解也。」（《孙子·九变篇》）聪明的人思考问题总是要兼顾到利和害两个方面，在不利的情况下要能找到有利条件，事情才可以顺利进行；在顺利的情况下要看到不利的因素，祸患才可能预先避免。因此，他一再告诫将帅，要知道「军争为利，军争为危」（《孙子·军争篇》）的道理，要明白「不尽知用兵之害者，则不能尽知用兵之利」（《孙子·作战篇》）的规律。

在辩证法思想的指导下，孙子强调，在战场上和军事行动中应该灵活机动，不同情况下要采取不同的措施。例如，在《地形》、《九地》等篇中，他提出要根据不同的地势地形特点，灵活地采用不同的军事策略，以充分利用地理条件；在《火攻》篇中，他提出了不同的火攻战法和各种情况下己方军队应采取的措施；在《谋攻》篇中，他提出「用兵之法，十则围之，五则攻之，倍则分之，敌则能战之，少则能逃之，不若则能避之」的用兵方法和策略等。所有这些，都是孙子的辩证法思想在战场上的应用。

三、《孙子》中的唯心史观

与古代所有思想家一样，孙子的思想也不是完美的，在《孙子兵法》中，也存在着许多不科学、不完善的地方，其中最明显的，就是他的唯心史观。

《孙子兵法》中的唯心史观，最明显地体现在对贤君良将的作用的片面强调上。虽然孙子看到了民心向背对于国家存亡和战争走向的作用，但从根本上说，他认为，好的将领才是关系到国家和人民生死存亡的关键。「知兵之将，民之司命。国家安危之主也。」（《孙子·作战篇》）擅长用兵的将帅，掌握着人民的生死，是国家安危的主宰。「夫将者，国之辅也。辅周则国必强，辅隙则国必弱。」（《孙子·谋攻篇》）将领是国家的辅助，将领的辅助力量强，国家就强盛；将领的辅助作用弱，国家就会衰落。这种认识无疑是片面的，而在《孙子兵法》中，却始终贯穿着这种片面的认识。他认为，战争的决策和胜负，只是国君和将领的事情，他们有全部的权力决定打或者不打，他们的能力和素质决定着战争的走向。「明主虑之，良将慎之，非利不动，非得不用，非危不战。主不可以怒而兴师，将不可以愠而攻战。……故明主慎之，良将警之。此安国全军之道也。」（《孙子·火攻篇》）在《用间篇》中，他又通过历史事例说：「昔殷之兴也，伊挚在夏；周之兴也，吕牙在殷。故明君贤将，能以上智为间者，必成大功。此兵之要，

三军之所恃而动也。』在他看来，一个国家的兴亡，完全可能就是由一两个人决定的，而『三军』和老百姓，只要跟随他们的决策行动就可以了。

提高国君和将领的地位，相应地，便要贬低人民群众的作用和创造力。《孙子兵法》中的思想也恰恰印证了这一点。孙子说：『能愚士卒之耳目，使之无知；易其事，革其谋，使人无识；易其居，迂其途，使民不得虑。帅与之期，如登高而去其梯；帅与之深入诸侯之地，而发其机。焚舟破釜，若驱群羊，驱而往，驱而来，莫知所之。聚三军之众，投之于险，此谓将军之事也。』（《孙子·九地篇》）一个合格的将领不需要使普通的士卒和普通人民群众了解太多，甚至还要『使之无知』、『使人无识』、『使民不得虑』。将军所要做的，就是要像牧羊人驱赶羊群一样，把他们驱赶到自己希望他们到的地方。『任势者，其战人也，如转木石。木石之性，安则静，危则动，方则止，圆则行。故善战人之势，如转圆石于千仞之山者，势也。』（《孙子·势篇》）士卒就像木头石块一样，将领如果能够把他们像转动木石一样随心调动起来就可以了。不可否认，《孙子兵法》中已经意识到了人民群众对于战争成败的影响，但同时，贬低人民群众的作用和创造力的观念在这部伟大的军事著作中也是存在的。